AF383234

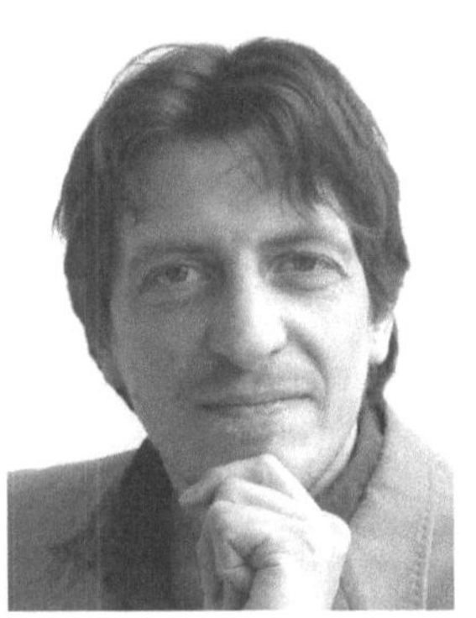

Klaus Schröer, geb. 1966,
Künstler, Buch- und
Spieleautor. U.a. tätig für
Spektrum der Wissenschaft;
konzepierte Deutschlands
ersten Rätselpark.
www.klaus-schroeer.com

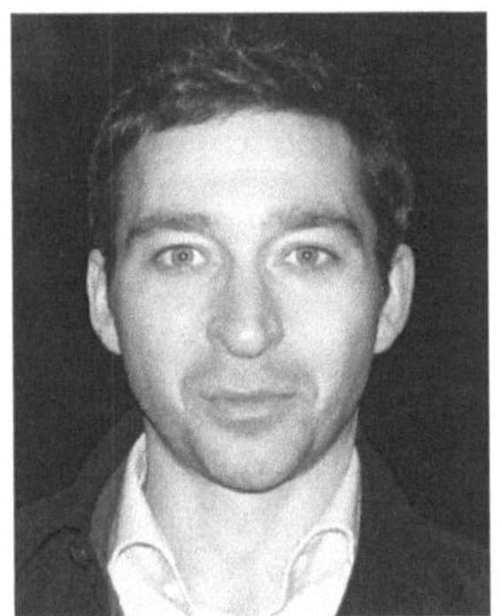

Dr. Klaus Irle, geb. 1965,
Kunsthistoriker,
im vorliegenden Buch
zuständig für Rezeptions-
geschichtliches und Kunst-
theoretisches rund um
Leonardo.

Klaus Schröer und Klaus Irle

„Ich aber quadriere den Kreis ...“

Leonardo da Vincis Proportionsstudie

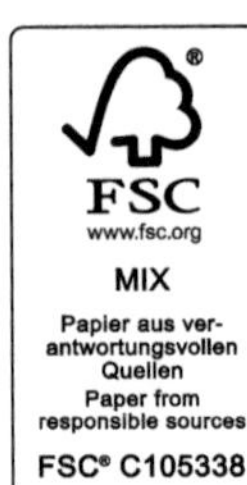

Klaus Schröer, Klaus Irle
„Ich aber quadriere den Kreis ..."
Leonardo da Vincis Proportionsstudie

Bibliografische Information der Deutschen Nationalbibliothek:
Die Deutsche Nationalbibliothek verzeichnet diese Publikation
in der Deutschen Nationalbibliografie; detaillierte bibliografische
Daten sind im Internet über dnb.dnb.de abrufbar.

Satz und Umschlag: Klaus Schröer, Klaus Irle
Umschlagbild: Proportionsstudie nach Vitruv von Leonardo da Vinci
Herstellung und Verlag:
BoD – Books on Demand, Norderstedt

ISBN: 9783743190870

Unser herzlichster Dank für Rat und Tat gilt

Dipl. math. Christian Fotescu
    Düsseldorf
Hedda Kriesten
    Münster
Dr. Susanne Kubersky-Piredda, Bibliotheca Hertziana
    Rom
Dr. Jürgen M. Lehmann
    Staatliche Museen Kassel
Prof. Jürgen Schönbeck
    PH Heidelberg, Mathematik und Naturwissenschaften
Prof. Dr. Wilderich Tuschmann
    Mathematisches Seminar der Christian-Albrechts-Universität zu Kiel
Katy Wittig
    Münster

INHALT

1. MATHEMATIK UND KUNST 9

2. VON DER QUADRATUR DES KREISES 21

3. LEONARDO UND DIE QUADRATUR DES KREISES 37

4. MALEREI UND MATHEMATIK 56

5. BILD UND TEXT DER PROPORTIONSSTUDIE NACH VITRUV 67

6. „ICH ABER QUADRIERE DEN KREIS ...“ 91

MATHEMATISCHER ANHANG 113

KUNSTGESCHICHTLICHER ANHANG 126

ZUSAMMENFASSUNG DEUTSCH, ITALIENISCH, ENGLISCH 128

LEONARDOS ALGORITHMUS IM SCHULUNTERRICHT 134

LEONARDOS ALGORITHMUS IN DEN MEDIEN 135

LEONARDOS ALGORITHMUS IN DER PRAXIS 136

AUSGEWÄHLTE LITERATUR 138

ABBILDUNGSHINWEIS 140

REGISTER 141

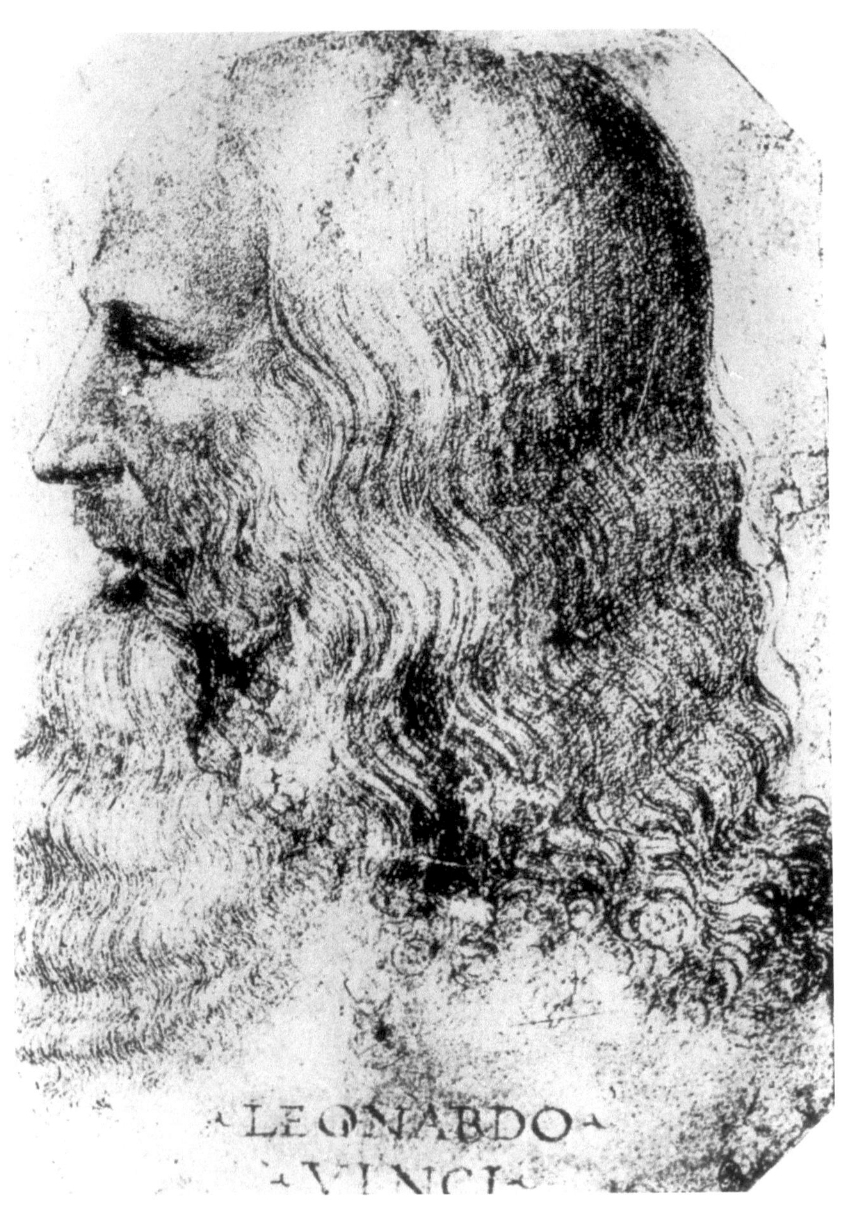

Portrait Leonardo da Vincis aus der Sammlung Melzi. Um 1500. Rote Kreide, 27,5 x 19 cm. Windsor Castle, Royal Library, Windsor 12726

1. MATHEMATIK UND KUNST

Gute Mathematiker lieben ihre Wissenschaft, weil sie schön ist. Sie beschreibt eine Wirklichkeit, die sie sich in unvergleichlicher Konsequenz selber schafft. Deshalb darf ihr als der einzigen Wissenschaft das Vermögen zugesprochen werden, Wahrheit in einem allgemeinen, nicht subjektiven Sinn zu finden. Während andere Wissenschaften Regeln für die uns umgebende Realität aufstellen, Regeln, die jederzeit durch ein Experiment zu Fall kommen können, bestimmt die Mathematik Gesetze, aus denen erst eine Realität hervorgeht, die dann die Schöpfung des Mathematikers ist. Dieser beschreibt und untersucht sie zugleich, wofür er wiederum Gesetze bildet, die selbst Teil der Definition jener Realität sind. Diese künstlichen Bedingungen erzeugen eine vollkommene Klarheit, aus der vollkommene Wahrheit geboren werden kann. Sofern das der Fall ist, ist sie absolut und unvergänglich. Sie gilt aber allein in dieser Kunst-Welt.

Wer um der Wahrheit willen künstliche Realitäten schafft, darf als zutiefst schöpferischer Mensch angesehen werden. Sein Material ist die Ordnung der mathematischen Wirklichkeit - keine Ordnung, die irgendwelche materiellen Mängel oder Zufälligkeiten in Kauf zu nehmen hat. Diese Ordnung kann man weder sehen, fühlen, schmecken, riechen noch hören. Auch ihre Schönheit teilt sich rein geistig mit. Wie die Mathematik Schönheitsempfinden weckt? Durch ihre Klarheit, durch ihr Freisein von allem Überflüssigen und indem sie symmetrische Verhältnisse schafft. Der Ursprung dieser Schönheit liegt in einer Art Denken, das sich mehr als jede andere Denkweise die Bezeichnung *logische Kreativität* verdient.

Die künstliche Wirklichkeit der Mathematik meinen wir bereits, wenn wir von einem Kreis sprechen. In der greifbaren Wirklichkeit existieren keine Kreise, nur möglichst exakte kreisförmige Abbilder der Idee des Kreises. Dasselbe gilt für das Quadrat und alle anderen geometrischen Formen. Und dennoch gibt es ganz ohne jeden Idealismus bei der Naturbetrachtung eine unmittelbare Verbindung zwischen der mathematischen Wirklichkeit und der Außenwelt. Beide treffen in dem Kopf aufeinander, der als Teil der einen Welt die andere schafft.

„Nachdem ich hier gegenüber die verschiedenen Verfahren vollendet habe, Kreise zu quadrieren, also Quadrate gleicher Fläche zur Fläche eines Kreises zu schaffen und Regeln für ins Unendliche fortschreitende Verfahren anzugeben, beginne ich nun mit der besagten Abhandlung vom Spiel der Geometrie und gebe darin gleichfalls Auskunft über eine unendliche Verfahrensweise."

Leonardo da Vinci, Codex Atlanticus, Fol. 45 v-a, um 1515

Es gibt Ideen, die vor langer Zeit geboren wurden, dann aber irgendwie in Vergessenheit gerieten oder verloren gingen und erst durch ungewöhnliche Umstände wiederentdeckt werden. Diese Ideen waren ursprünglich Antworten auf Fragen, die sich allein aus damaliger Anschauung ergaben. Wenn der Nachwelt solche Ideen abhanden kommen, liegt es zumeist daran, daß auch die Fragen und Betrachtungsweisen nicht nur verändert, sondern ausgelöscht worden sind. Hat man aber solch eine Idee in ihrem Kontext wieder aufgespürt, was nur durch ungewöhnliche Umstände gelingen kann, bringt das der Gegenwart viel mehr als nur einen willkommenen Mosaikstein für das lückenhafte Bild von der Vergangenheit. Denn solche Wiederentdeckungen können das gesamte Bild erneuern.

Solch eine Entdeckung ist auch der Anlaß dieses Buches. Gemacht wurde sie nicht etwa in einer ägyptischen Pyramide, auch nicht in einem mittelalterlichen Kloster, sondern auf einem Blatt Papier, das allerdings eine der wohl berühmtesten Zeichnungen der abendländischen Kultur trägt: die *Proportionsstudie nach Vitruv* (S. 104) von Leonardo da Vinci (1452-1519). Sie muß in die Welt der Mathematik eingeordnet werden. Erst dann läßt sich der zentrale Gedanke rekonstruieren, den Leonardo dieser Doppelfigur im Kreis and Quadrat zugrunde legte: Der Mensch als Krone der Schöpfung stellt wegen der Maßverhältnisse seines Körperbaus ein Regelwerk zur Lösung der *Quadratur des Kreises* dar. Wie und weshalb der *Proportionsstudie nach Vitruv* ein mathematisches Verfahren abzulesen ist, will natürlich noch erklärt sein. Dann aber wird sich zeigen, daß die Zeichnung nichts geringeres leisten sollte, als die Gesetzmäßigkeiten der menschlichen Gestalt mit der damals geradezu heiligen mathematischen Kreisquadratur zu verbinden und so zu begründen.

Als wir dieses Ergebnis in seiner Tragweite zu begreifen begannen, fühlten wir uns unmittelbar verpflichtet, es einer breiten Öffentlichkeit möglichst allgemeinverständlich mitzuteilen. Denn schließlich drängt diese Entdeckung, von Neuem zu fragen, was Kunstwerke leisten können. Ganz am Anfang steht jedoch die Einsicht, daß wir von einem gegenwärtig vorherrschenden Denkmuster Abstand nehmen müssen. Wir meinen die Vorstellung, die Kunst müsse irrational und unbestimmt sein, um Kunst genannt zu werden. Auch deshalb sind wir froh, mit dieser sowohl mathematischen als auch geisteswissenschaftlichen Studie zeigen zu können, in welche noch völlig ungeahnten Tiefen Leonardo mittels seiner *logischen Kreativität* auf nur einem einzigen Blatt Papier vorzudringen vermochte.

Die entscheidenden Entdeckungen an der Zeichnung konnten nicht ohne eine neue Forschungsmethode gemacht werden. Mathematik und Kunstgeschichte, die ansonsten im modernen Wissenschaftssystem zwei säuberlich getrennten Fachwelten zugewiesen werden, haben zusammengearbeitet, sich wechselseitig angeleitet. Vermessungen, Algorithmen und Regeln der Geometrie wurden kombiniert mit Stilanalyse und Kunsttheorie. Dieser fächerübergreifende Ansatz ist allerdings nicht ganz neu, sondern die Wiederherstellung eines alten Grundsatzes, den Leonardo selbst aufgestellt hat: wo keine Mathematik ist, kann keine Kunst sein.

> „Die Anhänger der Malerei nähren ihre Erfahrung nicht mit Träumen, sondern gehen immer nach den wahren Prinzipien der Reihe nach vor, so daß sich bis zum Ende eines aus dem anderen ergibt, wie man es von den Grundbegriffen der Mathematik, der Zahl und dem Maß, mit anderen Worten, der Arithmetik und der Geometrie kennt."
>
> Leonardo da Vinci, Codex Urbinas, Fol. 19 r

Wer als Forscher diesem Kunstverständnis gerecht werden will, muß mehr unternehmen, als die gängigen Nachweise für Perspektivkonstruktionen oder für den Goldenen Schnitt zu erbringen. Tiefergehende Studien an alten Bildern wurden aber bisher nicht für notwendig gehalten. Es scheint auszureichen, die Mathematik als mehr oder minder nützliches Handwerkszeug zur Kunstausübung mit dieser lose zu verbinden, wobei aber stillschweigend angenommen wird, daß alles Mathematische, soweit es überhaupt wahrgenommen wird, an sich nichts Künstlerisches habe, sondern eher theoretischer Ballast sei. Wer diese Auffassung teilt, übersieht den Anteil der Mathematik am Kunstschaffen und unterschätzt Leonardo wie auch die Künstler seiner Zeit in einer Sache, von der sie erheblich mehr verstanden, als heute allgemein angenommen wird. Die fachliche Selbstbeschränkung der Kunsthistoriker hat verhindert, daß Leonardos *Proportionsstudie nach Vitruv* bis heute mathematisch interpretiert worden ist. Diese Lücke soll mit diesem Buch, mit dem zugleich die erste Werkmonographie über diese Zeichnung vorgelegt wird, geschlossen werden.

Für die *Proportionsstudie nach Vitruv*, so ihre von der deutschsprachigen Kunstwissenschaft bevorzugte Bezeichnung, kennen wir keinen Titel aus Leonardos Zeit oder den folgenden Jahrhunderten. Die italienischen Wissenschaftler nennen sie zumeist *Uomo vitruviano*, die englischen Fachvertreter sprechen vom *Vitruvian man*. Die Zeichnung ist über 500 Jahre alt. Zudem schöpfte Leonardo für sie aus dem Wissen antiker Mathematiker. Gerade deshalb bietet sie dem Auge eine Fülle von Informationen und schließlich die mathematische Idee, die eine neue Einsicht in Leonardos Verständnis der Natur, der Mathematik und der Kunst ermöglicht. Die Geschichte der *Proportionsstudie nach Vitruv* und ihrer mathematischen Idee beginnt, wie so viele interessante Geschichten, in der Antike - bei den Alten Griechen und Vitruv, dem römischen Architekten und Ingenieur.

Der direkte Bezug zur Antike ist typisch für die herausragenden Denker der Renaissance, und kaum ein anderer hat so deutlich wie Leonardo die Epochenschwelle zwischen seiner Zeit und dem ausgehenden Mittelalter sichtbar gemacht. Die Renaissance wurde schon von Zeitgenossen und dann auch von den folgenden Jahrhunderten bis heute als Wiedergeburt von antikem Schönheitsempfinden und erfahrungsgetragener Vernunft beurteilt, wie auch als wiedererwachtes Vertrauen in die schöpferischen Kräfte des Individuums. Der Rang und Wert des Individuums wurde an seiner *virtus* gemessen - daran, wie erfolgreich es durch Tugenden und Taten zum Gemeinwesen beitrug. In Italien wurden solche verdienstvollen Männer *Virtuosi* genannt.

Zwischen dem ausgehenden 20. Jahrhundert und der Renaissance liegt ebenfalls eine Epochenschwelle. Denn seit Beginn des 19. Jahrhunderts wandelte sich nach und nach die Auffassung davon, was Kunst sei und wie sie sich am besten entfalte. Leonardo hatte nie daran gezweifelt, daß die Künste im klassischen Sinne auf Regeln (ars), Übung (exercitium) und Begabung (ingenium) beruhen und nicht anders als mittels dieser Trias erlernt und ausgeübt werden können. Dagegen behauptet die romantische Kunstkritik des 19. Jahrhunderts, daß sich das eigentlich Künstlerische nur dort entfalten könne, wo erlernbare, rationale Regeln abwesend sind. Zunehmend galt das Unergründliche als das Geniale, etwas, das der innersten Gefühlswelt des Künstlers unbewußt entspringt. Geradezu explosiv änderte sich das Kunstverständnis zwischen den Weltkriegen, als die avantgardistischen Strömungen die totale Freiheit und Unabhängigkeit der Künste erprobten. Mehr und mehr sollte die Kunst, wenn sie respektabel sein wollte, Normen brechen oder schockieren, alles in Frage stellen oder offen sein für alles, was die Käufer in sie hineindenken mögen. Für den modernen Künstler wurde seine Arbeit Ausdruck der eigenen Gefühlswelt oder der Nabelschau, auf jeden Fall der Selbstverwirklichung. Das vorläufige Ende dieser Entwicklung bildet die überwiegend unsinnliche Gegenwartskunst, deren Schöpfer beim Experimentieren, Installieren oder Verneinen dem Nutzen von Bildung und Können kaum noch Bedeutung zu geben scheinen.

All das erscheint heute so selbstverständlich, daß es leicht für überzeitlich gültig gehalten wird. Zur Renaissance jedoch passen die modernen Anschauungen über das Kunstschaffen und Kunstverstehen überhaupt nicht. Deshalb sollten sie, wenn man die ältere Kunst nach ihren eigenen Maßstäben beurteilen will, nicht in die Vergangenheit zurückversetzt werden. Leonardo war kein Outcast; ebensowenig schuf er seine Werke nur aus einer Laune heraus.

Um sich der *Proportionsstudie nach Vitruv* angemessen zu nähern, müssen Mathematik und Kunstwissenschaft kooperieren. Und genau das wird in diesem Buch geschehen. Diejenigen, die sich für Nicht-Mathematiker halten, brauchen sich nicht zu fürchten. Spezialistenwissen wird nicht vorausgesetzt, zumal es für die entscheidende Entdeckung nicht einmal zwingend notwendig war. Ähnliches gilt für die kunstgeschichtliche Seite: wir wollen uns hüten vor überflüssigem Fach-Chinesisch und den Versuchungen der Über-Interpretation.

Aber die Zusammenarbeit beider Fächer hängt nicht nur von ihnen selbst ab. Auch der Forschungsgegenstand steuert das Vorgehen. Glücklicherweise hat Leonardo unermüdlich gezeichnet und fässerweise Tinte verschrieben - über die Regeln der Malerei, über die Mathematik, Anatomie, Mechanik, Hydraulik, Geologie, Astronomie, Zoologie, Botanik u.v.m. - alles spiegelverkehrt und selten so schönlinig geschrieben wie auf der *Proportionsstudie*. Rund 6500 Manuskriptblätter sind erhalten geblieben. Dieses unschätzbar wertvolle kulturelle Erbe wird heute in Form von einzelnen Manuskriptsammlungen (Codices) aufbewahrt, nachdem sie durch die Jahrhunderte in alle Winde verstreut wurden. Die Hüter der Codices sind mit zwei Ausnahmen Archive, Museen und Bibliotheken in Mailand, Turin, Rom, Paris, London, Oxford, Madrid und New York. Eigentum des englischen Königshauses sind die Zeichnungen im Schloß Windsor. Die andere Ausnahme macht der Computer-Magnat Bill Gates. Für seine Privatsammlung in Seattle (Washington) erwarb er den Codex Hammer (vormals Codex

14

Leicester) mit Leonardos wichtigsten Studien über die Hydraulik. Die achtzehn Doppelblätter (à 30 x 44 cm) mit über 300 Zeichnungen ersteigerte Gates 1994 beim renommierten Auktionshaus Christie's in New York für eine achtstellige Summe.

Über Leonardo, seine Gemälde, Zeichnungen und Schriften haben Legionen von Wissenschaftlern geschrieben. Die Leonardo-Forschung darf mittlerweile als eigener Zweig der Kunstwissenschaft gelten. 1990 erschien ein Verzeichnis der Literatur zum Thema Leonardo da Vinci. Diese dreibändige *Bibliotheca Leonardiana* 1493-1989 erstellten Augusto Marinoni und Carlo Pedretti, der Nestor der italienischen Leonardo-Forschung. Im alphabetischen Sachregister stößt man auch auf die Stichwörter „Quadratura del circolo" und „Vitruvio". Dennoch weisen die drei Bände keinen Literaturtitel zu diesen Schlagworten aus.

In Los Angeles betreibt eine Elite von Leonardisten das *Armand Hammer Center for Leonardo Studies*. (Armand Hammer ist der Namensgeber des Codex Hammer.) In Vinci, Leonardos toskanischem Heimatort, erwartet das Museo Leonardiano seine Besucher. Unter dem Titel *Raccolta Vinciana* erscheint in Mailand seit 1905 eine Fachzeitschrift, die sich auf Leonardo und verwandte Themen spezialisiert hat. Ähnlichen Gebieten widmet sich das *ALV Journal* (Achademia Leonardi Vinci), das bei dem traditionsreichen Verlag Giunti in Florenz erscheint. Herausgegeben wird dieses Jahrbuch von Pedretti, der mit Unterstützung der Columbia University of New York in Vaprio d'Adda nahe Mailand eigens zur Leonardo-Forschung eine Stiftung gegründet hat. Sie residiert in der Villa Melzi, wo Leonardos Schüler Francesco Melzi (1493 - um 1570) zu Lebzeiten den wissenschaftlichen Nachlaß Leonardos verwaltet hatte. Zu dieser Sammlung gehörte auch die *Proportionsstudie nach Vitruv*, bis sie in den fünf Jahrzehnten nach 1770 mehrmals innerhalb Mailands ihren Besitzer wechselte, um dann schließlich 1822 in die Accademia Veneziana zu gelangen, wo sie sich bis heute befindet. Im Jahre 1992, während der Ausstellung *Leonardo e Venezia* in Venedig (Palazzo Grassi) erblickte sie zuletzt das Licht der Öffentlichkeit. Nicht das Original, sondern eine Reproduktion zeigte 1995 das Historische Museum Speyer, das unter dem Titel *Leonardo da Vinci - Künstler, Erfinder, Wissenschaftler* ausschließlich Reproduktionen ausstellte.

Da Leonardos literarischer Nachlaß unübersichtlich ist und nirgends vollständig zur Verfügung steht, war es für die Forschung ein großer Gewinn als Jean Paul Richter 1883 die nach seinem Urteil wichtigsten Notizbücher auswählte und herausgab (*The Notebooks of Leonardo da Vinci. Compiled and Edited from the Original Manuscripts*, London 1883). Die zwei reich illustrierten Bände bieten auf rund 900 Seiten Leonardos Worte und Richters englische Übersetzungen in Gegenüberstellung. Doch Richters eigentliche Leistung besteht in der inhaltlichen Gliederung des Materials. Er ordnete es sinnvollerweise nicht nach den Codices, sondern nach Sachgebieten. Sie lauten in dieser Reihenfolge: Linearperspektive, Licht, Farben, Luftperspektive, Bewegung, Landschaftsmalerei, Werkstattpraxis, Skulptur, Architektur, Anatomie, Zoologie, Geographie, Mechanik, Moralphilosophie u.a. Richters Systematik ist in erster Linie auf den Maler Leonardo abgestellt, ferner auf das Universalgenie. Dabei wird jedoch mindestens ein Gebiet übergangen, nämlich die Geometrie bzw. Mathematik. Sie zu vernachlässigen, ergab sich aus der Vorstellung vom bedeutenden Künstler, wie sie im 19. Jahrhundert gehegt und geliebt wurde. 1977 gab Pedretti Richters Gründungswerk der Leonardo-Lektüre mit unveränderter Systematik neu heraus.

Vor dreißig Jahren begann das Verlagshaus Giunti in Florenz ein Projekt, das in manchen Institutionen, nämlich in jenen mit gesundem Etat, traumhafte Arbeitsmöglichkeiten wahrmacht. Der Verlag edierte neun Codices als originalgetreue Nachbildungen (Faksimiles), darunter auch den Codex Atlanticus in vierundzwanzig Binden. Das Original des Codex - der Gral der Leonardisten - wird in der Biblioteca Ambrosiana in Mailand aufbewahrt.

Die neuste, international anerkannte Leonardo-Monographie verfaßte Martin Kemp (*Leonardo da Vinci. The Marvellous Works of Nature and Man*, London 1981, 2. Aufl. 1989). Das vielleicht am besten gelungene Buch über den Mann aus Vinci schrieb ein Autorenteam. In der deutschen Übersetzung lautet der Titel: *Leonardo - Künstler, Forscher, Magier* (Köln 1996), herausgegeben von Ladislao Reti. Den dringenden Anlaß für das Buch, das in der Originalausgabe *The Unknown Leonardo* heißt, gab ein sehr denkwürdiges Ereignis. Es begab sich im Jahre 1965, als man die Codices Madrid I und II, die 130 Jahre lang als verschollen galten, in der Biblioteca Nacional in Madrid wiederfand. Dorthin waren sie 1830 gebracht und mit neuen Signaturen versehen worden. Die alten, die sie in der königlichen Schloßbibliothek getragen hatten, lauteten Aa 119 und Aa 120, die neuen Aa 19 und Aa 20. Wiedergefunden wurden die beiden Notizhefte an den Standorten Aa 119 und Aa 120.

Wirkt das Szenario der Forschungsliteratur über Leonardo ohnehin schon unüberschaubar, so tauchen dahinter die noch größeren Berge an Büchern über die Renaissance auf, in denen Leonardo nicht fehlen darf. Wenn nicht alle Zeichen trügen, ist Leonardo eine der am besten erforschten Persönlichkeiten, sogar Sigmund Freud hat ihn (ferndiagnostisch) analysiert. Über den großen Denker aus Vinci scheint alles gesagt zu sein. Aber soweit wir sehen, hat bisher noch niemand die berühmte *Proportionsstudie nach Vitruv* mathematisch untersucht, geschweige denn, daß ihr das spezielle Quadraturverfahren abgelesen worden wäre. Der Blick dafür wurde vernebelt von jenem geistigen Klima, in dem Kunst und Mathematik einen Gegensatz bilden. Leonardo selbst gibt jedoch die entscheidenden Denkanstöße. Mehrfach erwähnt und bezeugt er seine Kenntnis verschiedener Methoden zur Quadratur des Kreises. Aber darin besteht nur der eine Hinweis. Der andere besteht darin, daß Leonardos *Proportionsstudie nach Vitruv* die beiden geometrischen Formen zeigt, die der fesselnden Aufgabe ihren Namen geben. Gibt es eine Zeichnung, die noch ausdrücklicher signalisiert, daß sie auf Zusammenhänge mit der berühmtesten Aufgabe der Mathematikgeschichte überprüft werden will?

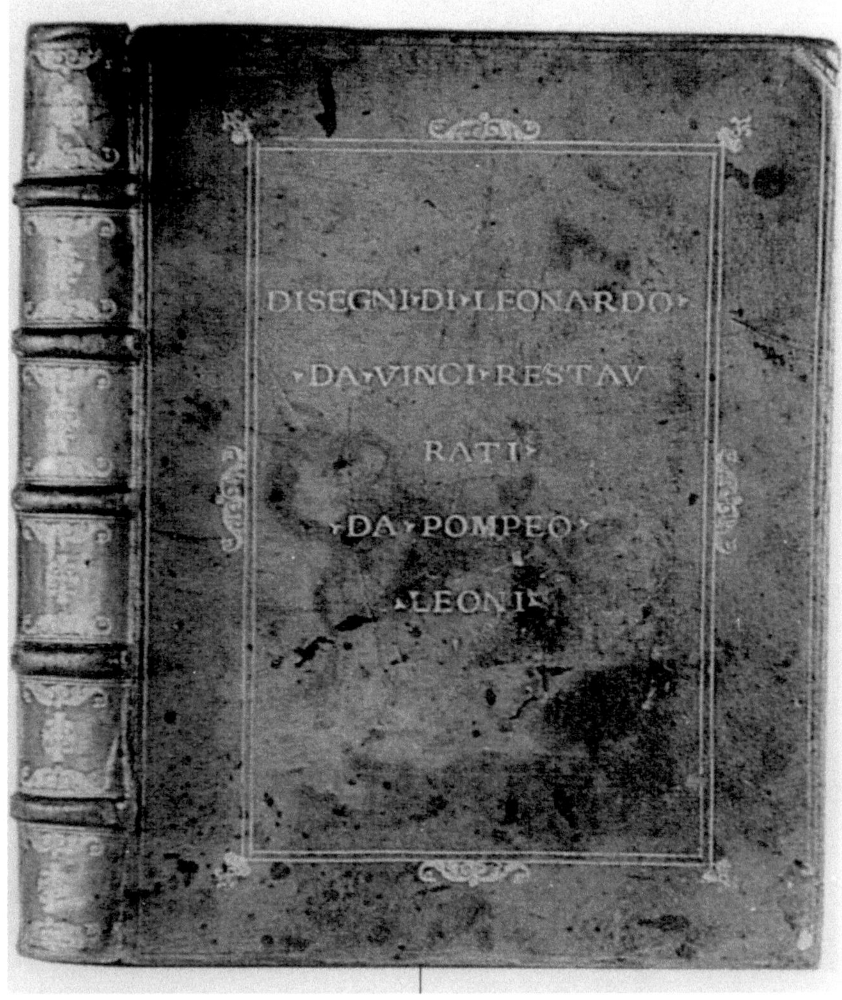

Band der Manuskriptsammlung Windsor. Roter Ledereinband mit Goldprägung, 48 x 35 cm. Windsor Castle, Royal Library. Bezeichnet: DISEGNI DI LEONARDO DA VINCI RESTAURATI DA POMPEO LEONI.

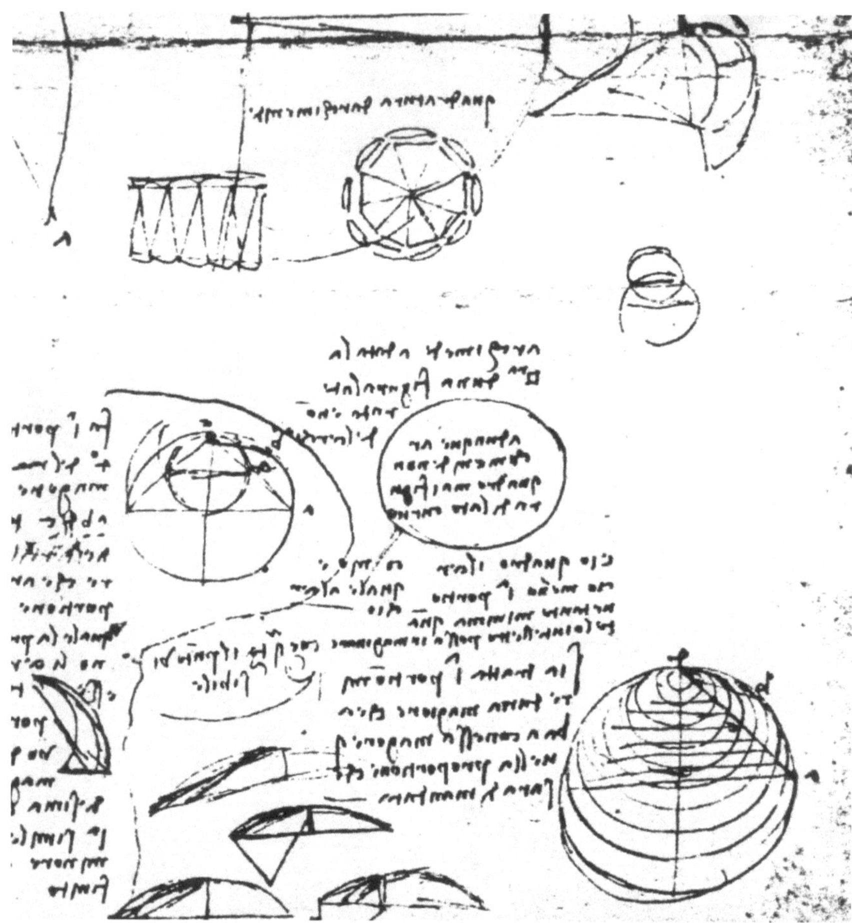

Leonardo da Vinci: Geometrische Studien zur Umwandlung krummlinig begrenzter Flächen, Skizze einer Kreissektorierung und Notizen zur Quadratur des Kreises. Um 1508-9. Feder, braune Tinte, 49,2 x 32,9 cm. Windsor Castle, Royal Library, Windsor 12280 r (Ausschnitt). Der Ausschnitt enthält die Skizze einer Kreissektorierung (oben, vgl. S. 36) und die auf S. 37 übersetzte Notiz. Eingekreist hat Leonardo die Zeilen „adunque archimenjde non quadra maj figura di lato curvo" - Archimedes quadriert also nie eine Figur mit gekrümmten Seiten.

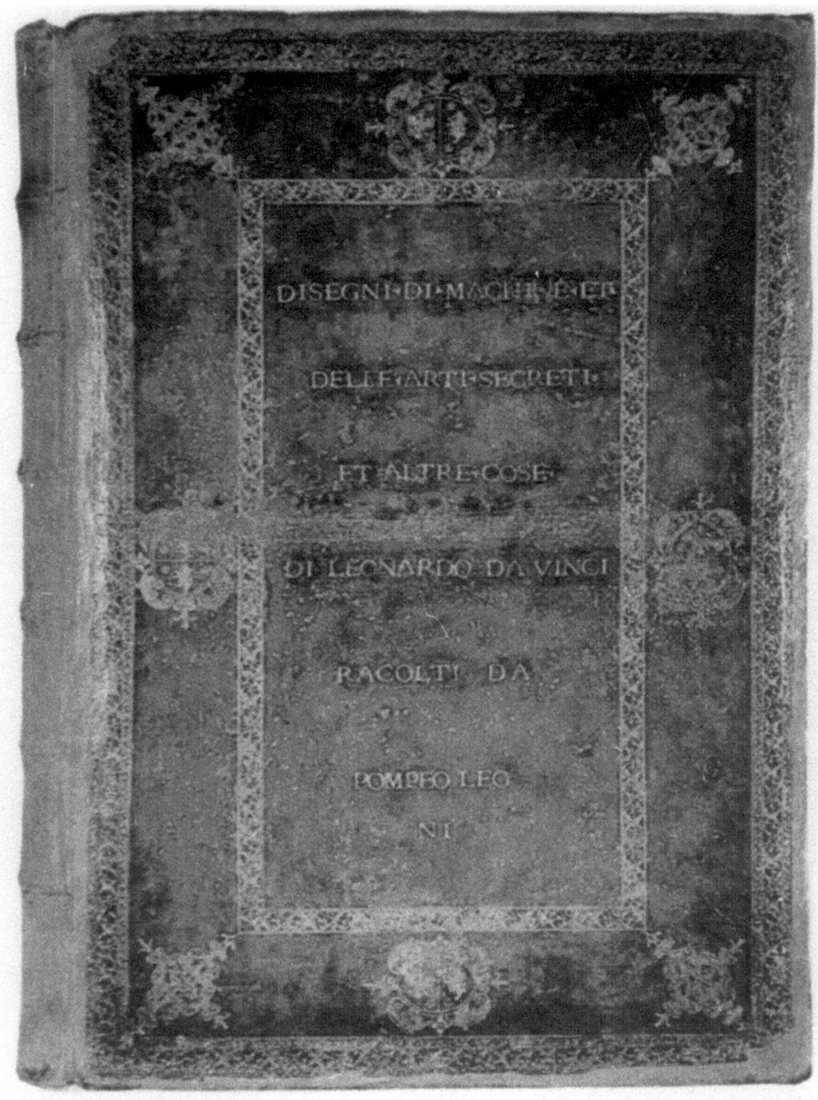

Band des Codex Atlanticus. Roter Ledereinband mit Goldprägung, 65 x 44 cm. Mailand, Biblioteca Ambrosiana. Bezeichnet: DESEGNI DI MACHINE ET DELLE ARTI SECRETI ET ALTRE COSE DI LEONARDO DA VINCI RACOLTA DA POMPEO LEONI - Zeichnungen von Maschinen, der geheimen Künste und anderer Dinge, gesammelt von Pompeo Leoni (1533-1608).

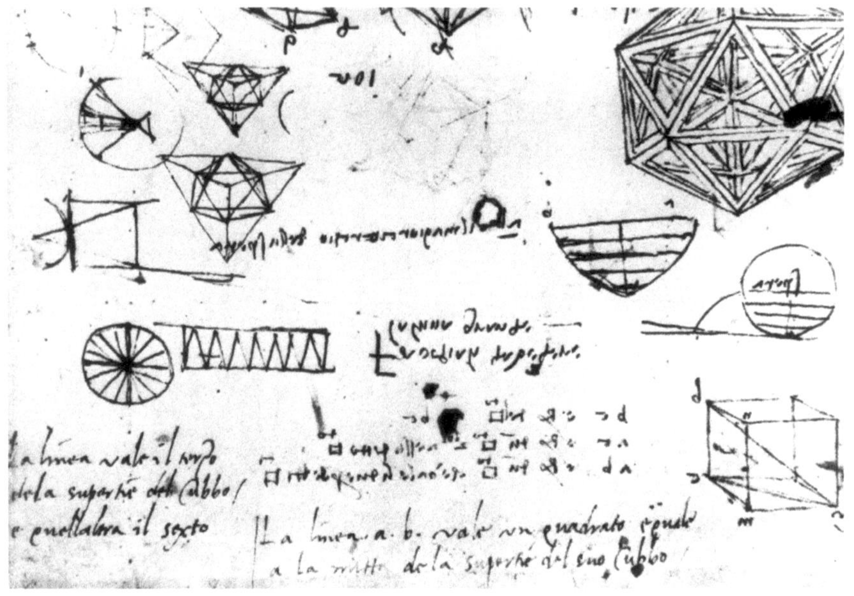

Leonardo da Vinci: Skizze einer Kreissektorierung u.a. geometrische Studien. 1503/4. Feder, braune Tinte, 30 x 21 cm. Mailand, Biblioteca Ambrosiana, Codex Atlanticus, Fol. 190 r-a (Ausschnitt).

2. VON DER QUADRATUR DES KREISES

Vor rund 2500 Jahren, 430 v. Chr., wurde in Athen ein Mann verhaftet und ins Gefängnis gesperrt. Der Grund seiner Verhaftung war der Vorwurf der Gottlosigkeit. Er hatte behauptet, die Sonne sei ein glühender Stein. Der römische Geschichtsschreiber Plutarch (45/50 - nach 120) berichtet weiter, daß dieser Mann namens Anaxagoras in der Zelle angeblich die Quadratur des Kreises gelöst hätte. Wie sie funktionieren sollte, ist nicht überliefert.

Nicht nur wegen dieser Anekdote war und ist die Quadratur des Kreises legendär und schließlich auch sprichwörtlich geworden. Was ein Mathematiker von sich verlangte, wenn er sich dieser Aufgabe stellte, welchen Genuß und welche Enttäuschung er sich dabei bereiten konnte, soll dieses Kapitel schildern. Zuerst jedoch, in Vorbereitung auf eine Besonderheit der Aufgabe, wird ein Weg gezeigt, wie unter ausschließlicher Verwendung eines Zirkels und eines Lineals ohne Maßeinheiten ein Quadrat konstruiert werden kann (S. 29).

Im Gegensatz zu den Ägyptern, die die Mathematik unter praktischen Gesichtspunkten betrieben, waren die Griechen die Begründer einer Mathematik, deren Aussagen durch rein logische Überlegungen beweisbar waren. Es war bei den Griechen nicht mehr gefragt, Lösungen zu entwickeln, die gewisse Aufgaben zwar nicht hundertprozentig präzis, aber für den Alltag in hinreichender Genauigkeit bewältigten. Statt dessen sollten ideale Lösungen gefunden werden. Diese neue kulturelle Leistung bzw. Forderung hatte vordergründig nicht den geringsten technisch-praktischen oder wirtschaftlichen Nutzen. Vielmehr war sie philosophisch, insbesondere ästhetisch begründet.

Unter diesem Anspruch wird aus einer Zeichnung, wie der soeben angesprochenen (S. 29), die bloße Illustration einer geometrischen Aussage, denn das Gezeichnete selbst besitzt keine Beweiskraft. Die geometrische Aussage (hier: die Konstruktion erzeugt ein Quadrat), ergibt sich aus der eindeutigen Darstellung des Konstruktionsweges und der eindeutigen Behauptung über das Resultat der Konstruktion. Zu einer geometrischen Aussage wird unsere Zeichnung also erst dann, wenn man von ihrem Resultat behauptet, daß es ein Quadrat sei. Daraufhin kann man jeden erkennbaren Konstruktionsschritt als theoretische Berechnungen ausdrücken und mit ihnen den tatsächlichen Wahrheitsgehalt der Aussage prüfen. Letztlich kann unsere Zeichnung nur deshalb als Geometrie gelten, weil diese Konstruktionszeichnung eindeutig eine vollständige und widerspruchsfreie Berechnung eines Quadrats illustriert.

Geometrie im Sinne der Griechen darf sich somit nur eine solche Zeichnung nennen, die eine eindeutige Konstruktion mit einer eindeutigen Behauptung darstellt und den Anspruch erhebt, beweisbar zu sein. Deshalb übrigens hat weder ein Mondrian etwas mit Geometrie zu tun, noch sollte man bei einem Dreieck, in das sich eine Figurengruppe von Raffael einschreiben läßt (S. 30), von Geometrie sprechen. Der Begriff träfe hier nicht zu, es sei denn, das Dreieck könne eine beweisbare und eindeutige mathematische Behauptung illustrieren.

Nachdem im 5. Jh. v. Chr. die griechische Mathematik begonnen hatte, ihre ideelle Ausrichtung zu entwickeln, gründete sie auch den schon bald folgenden Ruhm dreier Aufgaben:

1. Das Delische Problem: Zu einem gegebenen Würfel sollte ein solcher konstruiert werden, der das doppelte Volumen des ersten besitzt.

2. Die Drittelung des Winkels: Gesucht war eine Konstruktion zur Teilung eines beliebigen Winkels in drei gleiche Winkel.

3. Die Quadratur des Kreises, manchmal auch Quadratur des Zirkels genannt: Zu einem gegebenen Kreis sollte ein Quadrat konstruiert werden, das den gleichen Flächeninhalt wie der Kreis hat.

Diese drei Aufgaben erlangten ihren geschichtlichen Rang aus zwei Gründen. Auf der einen Seite waren sie schlicht formuliert, auf der anderen aber noch nicht gelöst worden. Letztere, die Flächenumwandlung beim Kreis in sein quadratisches Äquivalent, wurde schon früh in der griechischen Antike zur Königsdisziplin, zur größten der drei Aufgaben. Aristoteles z.B. erwähnt sie regelmäßig, um die Grenzen des menschlichen Wissens zu markieren.

Einige Fortschritte für die Lösung der Kreisquadratur fielen bei der Arbeit an ähnlichen Aufgaben ab, die viel weniger berühmt wurden, vermutlich weil man ihre Lösung schnell gefunden hatte. So konnte man mit den einfachsten Mitteln - mit Zirkel und skalenlosem Lineal - sogenannte geometrische Streckungen durchführen. Hiermit war es möglich, mehrere geometrische Objekte gemeinsam zu vergrößern und zu verkleinern. Die geometrische Streckung erbringt einen erheblichen Vorteil für die Quadratur eines vorgegebenen Kreises, denn man braucht nun nicht zwangsläufig mit ihm zu beginnen. Statt dessen kann auch von einem beliebig großen Quadrat ausgegangen werden, das dann in den flächengleichen Kreis umgewandelt wird. Dieses Paar Quadrat Kreis kann anschließend auf die Größe des vorgegebenen Kreises gestreckt werden. Im mitgestreckten Quadrat besteht die Lösung.

Im Umfeld der Königsaufgabe lagen noch weitere Konstruktionen, die für die Kreisquadratur hilfreich waren. Denn schließlich kann nicht nur der Kreis quadriert werden. Selbstverständlich und auch leichter als der Kreis lassen sich allein mit Zirkel und Lineal Rechtecke in flächengleiche Quadrate umwandeln (S. 31). Ein Rechteck besteht, wenn man so will, aus Dreiecken. Umgekehrt kann aus einem Dreieck ein flächengleiches Rechteck gewonnen werden, indem man die Basis und die halbe Höhe des Dreiecks als Rechteckseiten nimmt. Solche und andere Möglichkeiten der Flächenumwandlung kamen der Kreisquadratur zugute, weil diese Aufgabe nun variabel umstrukturiert werden konnte. Im Grunde brauchte die Flächenumwandlung beim Kreis vorerst nur zu einer Schar von Vielecken führen, die in ihrer Summe zum Kreis flächengleich sind. Auch der umgekehrte Vorgang darf wegen der geometrischen Streckung in Betracht gezogen werden. Viel schöner wäre es jedoch, den Kreis direkt in sein Quadrat umzuwandeln, anstatt den Umweg über eine leidlich große Anzahl von Dreiecken zu suchen.

Die erste Lösung der Quadratur des Kreises gelang Hippias von Elis (5. Jh. v. Chr.) mit seiner sogenannten Quadratrix (S. 32). Mittels einer speziellen Mechanik wurden zwei Bewegungen, die radiale der Geraden a und die lineare Parallelverschiebung der Geraden b miteinander gekoppelt. Ihre Schnittpunkte ergeben die Kurve c. Nun ist diese Kurve alles andere als kreisförmig. Zu klären, warum sie zur Lösung der Quadratur taugt, würde den Rahmen dieses Buches sprengen. Das mag man schon erahnen, wenn man weiß, daß Hippias von Elis die Quadratur in seiner Konstruktion nicht bemerkte. Erst später erkannte Deinostratos (4. Jh. v. Chr.) die Tragweite der Quadratrix des Hippias von Elis, der mit seiner Erfindung eigentlich nur Winkel dritteln wollte.

Wer andere Hilfsmittel als Zirkel und Lineal für eine der drei berühmten ungelösten Aufgaben verwendete, zog sich jedoch den Zorn aller Puristen zu. Die älteste bekannte Forderung, ausschließlich Zirkel und Lineal zu benutzen, stammt von Platon (427-348/47). Er mißbilligte die mechanische (stereometrische) Lösung des Delischen Problems, die Archytas von Tarent erfunden hatte und von seinem Schüler Eudoxos von Knidos praktiziert worden war. „Dadurch wird nämlich das Gute an der Geometrie zugrunde gerichtet und zerstört", wettert das Philosophenhaupt (zitiert nach Gericke 1992. S. 881). Nach Platon lieferte die Geometrie mit dem Kreis und dem Quadrat die zwei Grundformen, aus denen alle denkbaren Figuren zusammengesetzt werden können. Den Kreis vertritt der Zirkel; das alles Gerade darstellende Lineal stand für das Quadrat. Und schließlich ging es Platon nicht nur um das Gute, sondern auch um das Schöne. In seinem Dialog *Philebos* läßt er Sokrates sagen:

> „Nehmen wir die Schönheit der Formen: ich will jetzt den Versuch machen, sie dir nicht als das darzustellen, was wohl die Menge darunter versteht, etwa als die Schönheit von lebenden Wesen oder Bildern. Sondern ich verstehe darunter - so sagt es mir meine Überlegung - eine gerade und kreisförmige Linie und dann die Flächen und Körper, die unter Verwendung des Zirkels, des Lineals und des Winkelmaßes aus diesen entstehen. Ich behaupte nämlich, daß diese Formen nicht in Beziehung auf etwas schön sind, wie das bei anderen der Fall ist, sondern daß sie in sich selbst von Natur aus schön sind."
>
> Platon, Philebos 51c-d in der Übersetzung von Rufener 1974, S. 75

Der Dialog zwischen Sokrates, Philebos und Protarchos handelt von der Frage, was des Menschen höchstes Gut sei. In diesem Zusammenhang wird auch die „ungemischte oder wahre Lust" diskutiert. Hierzu gehört die zitierte Passage. Am Ende einigen sich der Philosoph und seine beiden Schüler darauf, daß wahre Lust jene sei, deren Abwesenheit keine Unlust bereitet.

Obschon die Griechen durch ihre formalisierende und nach Beweisen strebende Mathematik diese erstmals von der Beschreibung der Realität loslösten, waren sie es auch, die erstmals annahmen, der Natur könne ein umfassender mathematischer Bauplan unterliegen. Als Begründer und zugleich als eiserne Vertreter dieses mathematischen Idealismus gelten die Pythagoreer (6. Jh. v. Chr.). Über sie schreibt Aristoteles (384-322):

> „Da sie erkannten, daß die Eigenschaften und Verhältnisse der musikalischen Harmonien auf Zahlen beruhen, und da auch alle anderen Dinge ihrer ganzen Natur nach den Zahlen zu gleichen schienen, so meinten sie, die Elemente aller Zahlen seien die Elemente aller Dinge, und der ganze Himmel sei Harmonie und Zahl."
>
> Aristoteles, Metaphysik, A 5 985b 31 - 986a 3, zitiert nach Gericke 1992, S. 81

Über die Pythagoreer ist nicht gerade vieles bekannt, da sie in einer ordens-ähnlichen Gemeinschaft lebten, die sie zum Schweigen verpflichtete. Gesichert ist jedoch, daß der Satz des Pythagoras (570 - nach 509) über das rechtwinklige Dreieck ($a^2 + b^2 = c^2$) mit Zirkel und Lineal (und Logik) bewiesen wurde. Die Pythagoreer waren in erster Linie von der Annahme überzeugt, daß alle Proportionen im Weltall als Brüche darstellbar wären. Dieses Weltbild, welche konkreten Züge es auch immer hatte, zerbrach an dem Beweis, daß die Wurzel aus 2, die übrigens mit Zirkel und Lineal konstruiert wurde, keine Bruchzahl sein kann.

Bei der Quadratur des Kreises war die alleinige Verwendung von Zirkel und Lineal die tugendhafteste und einzig fachgerechte Arbeitsweise. Diese besaß einen höheren künstlerischen Rang als alle Methoden, die sich fremder Hilfsmittel bedienen. Neben dieser Unterscheidung bedarf es noch einer zweiten, die ebenfalls auf die Regeln der Kunst, Kreise zu quadrieren, Bezug nimmt. Denn manche Lösungsansätze sind nach einer Konstruktion mit endlich vielen Schritten fertig, andere aber verlangen theoretisch nach unendlich vielen Schritten. Unlösbar ist die Aufgabe, wenn sie allein mit Zirkel und Lineal in endlich vielen Schritten vollbracht werden soll. Auf diese doppelte Auflage gründet sich auch die sprichwörtliche Metapher von der Quadratur des Kreises für etwas Unmögliches. Dagegen ist sie in unendlich vielen Schritten mit Zirkel und Lineal lösbar.

Fragen nach der Lösbarkeit der Kreisquadratur wurden schon früh geäußert. Von Ammonios (vor 445-517/26), dem Schulhaupt der Platoniker in Alexandria, ist bekannt, daß er die ganze Angelegenheit eher distanziert beäugte:

„... die den Kreis Quadrierenden forschten nicht danach, ob es möglich sei, daß ein dem Kreis flächengleiches Quadrat existiere, sondern, in der Meinung, daß es so sein könne, versuchten sie, ein dem Kreis flächengleiches Quadrat zu erzeugen."

Ammonios Hermeiou, zitiert nach Gericke 1992, S. 96

Bewiesen wurde die Unlösbarkeit jener schwierigsten Kreisquadratur, die nur die zwei erlaubten Mittel sowie endlich viele Schritte benötigen soll, erst im 19. Jahrhundert durch die Einführung der sogenannten Gruppentheorie. Diese schrieb der Mathematiker Evariste Galois im Jahre 1832 im Alter von nur 21 Jahren nieder. Sein Leben endete leider abrupt. Am Tag nach der Niederschrift seiner Ideen duellierte er sich und unterlag. Nachdem seine Arbeit zunächst für einige Jahrzehnte unbeachtet in einer Schublade der französischen Akademie verschwand, konnte Lindemann im Jahre 1882 mithilfe dieser Gruppentheorie zeigen, daß die Quadratur des Kreises unter ihren schwierigsten Bedingungen - Zirkel, Lineal, endliche Konstruktion - definitiv nicht gelingen kann. So endete vor gut hundert Jahren eine an Personen reiche Geschichte und eine 2500-jährige Suche, der sich auch Leonardo mit noch ungebrochener Zuversicht gewidmet hatte. Dabei dachte er, wie sich an einer seinen Notizen ablesen läßt, hauptsächlich an „ins Unendliche fortschreitende Verfahren" (vgl. S. 10).

Wie aber konnte ein Leonardo seinerzeit an die Aufgabe herangehen? Ein Beispiel (S. 33) zeigt eine Konstruktion, die mit Zirkel und Lineal durchführbar ist und nach einer überschaubaren Reihe von Operationen endet. Aus einem Quadrat wird ein Kreis konstruiert. Dies geschieht mit Hilfe einiger Diagonalen, Konstruktionslinien und -kreise, die letztendlich die zwei Schnittpunkte M und S erzeugen, deren Abstand den Radius des Kreises mit dem Mittelpunkt M angibt. Wenn man die Kreisfläche so konstruiert, steht sie zur Quadratfläche in einem Verhältnis von 0.999088. (Dieses Flächenverhältnis wurde nicht aufgrund von Messungen an der Zeichnung ermittelt.) Ideal wäre ein Flächenverhältnis von 1. Das aber ist, wie wir nun wissen, bei Konstruktionen mit endlich vielen Schritten unmöglich. Davon abgesehen, stellt dieses Verfahren einen hervorragenden Näherungswert dar.

Wenn nun solch eine Konstruktion z.B. von Leonardo ersonnen worden wäre, wie hätte er ihr Ergebnis überprüfen können? Indem er die Flächen des Quadrats und des Kreises bestimmte. Hierzu nahm man die Formeln $FQ = a^2$ (Kantenlänge zum Quadrat) und $FK = \pi \cdot r^2$ (Produkt aus der Kreiszahl und dem Quadrat des Radius). Die Bestimmung der Kreisfläche besitzt ihren speziellen Reiz durch die Kreiszahl π, jene Konstante, die beim Kreis die Proportionen zwischen Radius und Umfang bzw. Fläche regelt. Ihr numerischer Wert beträgt 3.14159, um nur die ersten sechs Stellen zu nennen. Erst die Mathematik des 19. Jahrhunderts hat vollends erfaßt, von welcher Art die Zahl π ist: hinter dem Komma folgt eine unendliche, unregelmäßige Reihe von Ziffern. Die problematische Kreiszahl π beschäftigte bereits die Alten Ägypter. Sie schätzten den Wert für π auf 3 1/8 = 3.125, was bereits eine brauchbare Näherung ist. Noch Jahrtausende später verwendet Albrecht Dürer (1471-1528) die 25/8 für seine Versuche an der Quadratur des Kreises, wobei er jedoch klarstellt, daß es sich nur um eine Näherung handelt (*Unterweisung der Messung mit dem Zirkel und Richtscheit,*

Nürnberg 1525). Eigentlich setzte damals Archimedes von Syrakus (212-137) den Maßstab. Archimedes (S. 34) kannte bereits eine wesentlich präzisere Näherung. Aus der Sicht Leonardos und seiner Zeitgenossen zählte Archimedes zu den größten Autoritäten der Wissenschaft. Deswegen und um so mehr, weil Leonardo ausdrücklich und wiederholt mit Archimedes um die bessere Kreisquadratur konkurrierte, darf hier der Altmeister nicht fehlen.

Bei der Näherung von π machte sich Archimedes zunutze, daß sich die Kreiszahl auch im Verhältnis von Kreisumfang ($UK = 2\pi \cdot r$) zum Radius ausdrückt. Um π zu bestimmen, mußte Archimedes folglich nur den Umfang nähern, ohne dabei π zu verwenden:

$$\pi = UK : 2r$$

Archimedes war nicht der erste, der diese Überlegung anstellte, doch sind seine auf ihr basierenden Berechnungen die ältesten, die heute bekannt sind. Die Näherung von π vollzog er, indem er eine Ober- und Untergrenze für π berechnete. Also steckte er ein Intervall ab, in dem sich die fragliche Kreiszahl befinden mußte. Da Archimedes π über den Kreisumfang nähern wollte, mußte es um eine Ober- und Untergrenze für den Umfang gehen. Die Ober- wie die Untergrenze sollte von etwas gebildet werden, das ohne π zu berechnen ist, aber nicht allzu weit und nicht unregelmäßig von der Kreisbahn abweicht (S. 35). Er nahm also zwei regelmäßige Polygone. Das innere Polygon liegt mit seinen Ecken auf der Kreislinie, während das größere mit den Mittelpunkten einer jeden Seite die Kreislinie berührt. Von diesen Polygonen kann man hieb- und stichfest behaupten, daß der Umfang des einen kleiner und der des anderen größer als der Kreisumfang ist. Zwischen diesen berechenbaren Polygonumfängen mußte der Kreisumfang liegen. Mit steigender Eckenzahl der Polygone konnte das Intervall zunehmend verkleinert und eine immer engere Eingrenzung von π erzielt werden.

Für unsere Illustration (S. 35) haben wir regelmäßige Sechsecke gewählt, weil bei ihnen der Umfang in leicht zu errechnender Proportion zum Halbdurchmesser steht. Er beträgt bei regelmäßigen Sechsecken 1/6 des Umfangs. Anders gesagt: ein regelmäßiges Sechseck besteht aus sechs gleichseitigen Dreiecken. Grenzen wir nun versuchsweise mit diesen Sechsecken π ein. Wir werden zwar ein Intervall so groß wie ein Scheunentor erhalten, sehen aber schnell, wie wir und vor uns Archimedes mit Polygonen, ohne sie entgegen der griechischen Gesinnung zu messen, zu Zahlen kommen. Den Umfang der regelmäßigen Sechsecke stellen wir als $U = 2\pi \cdot r$ dar, wobei r

der Radius der Kreises ist. Nun nehmen wir für beide Vielecke jeweils ein π an, das dann als $\pi = U : 2r$ zu berechnen wäre. Für das Sechseck erhält man daraufhin eine Unter- und Obergrenze für die Kreiszahl:

$$3 < \pi < 3.4641$$

Archimedes begnügte sich nicht mit regelmäßigen Sechsecken. Er nahm regelmäßige 96-Ecke. Mit ihnen gelangte er zu diesem Intervall für π, hier in achtstelliger Genauigkeit angegeben:

$$3.1409097 < \pi < 3.1428266$$

anders ausgedrückt:

$$3 + 1137 : 8069 < \pi < 3 + 1335 : 9347$$

Verglichen mit den ersten acht Stellen des heute bekannten $\pi = 3.1415926$, schneidet die von Archimedes gefundene Eingrenzung vortrefflich ab. Dennoch gab Archimedes für alle praktisch Denkenden die Faustregel $\pi = 3 + 1/7$ aus. Das entspricht 3.1428571 und liegt leicht außerhalb des Intervalls. Archimedes wußte das. Aber wahrscheinlich durch seine Tätigkeit als Ingenieur sah er sich gefordert, einen handlichen Wert für π vorzuschlagen. Beides - sowohl die Näherungen des Intervalls als auch die 22/7 - wurde im Abendland bis über Leonardos Zeit hinaus akzeptiert und angewendet, und zwar auch für die Kreisquadratur.

Denn auch für diese war Archimedes' Methode gleich im doppelten Sinne eine Näherungslösung. Zum einen ermöglichte der gute Näherungswert, auf direktem rechnerischen Wege zu einem gegeben Kreis ($\pi \cdot r^2$) die Kantenlänge a eines zumindest flächenähnlichen Quadrats a^2 zu bestimmen. Dazu wäre die Wurzel aus π mit r zu multiplizieren. Zum anderen konnten die ein Polygon bildenden Dreiecke zu einem Rechteck zusammengelegt werden, das man dann auf die bekannte Art und Weise quadrierte (S. 31). Das Ersetzen des Kreises durch ein in Dreiecke zerlegbares Polygon (unter Vernachlässigung der Kreisabschnitte an den Dreieckgrundseiten) wird Kreissektorierung genannt (S. 36). Sie war nicht die einzige Methode, den Kreis zu quadrieren, übte aber - obschon mit Zirkel und Lineal nur mühselig auszuführen - großen Einfluß auf spätere Lösungsansätze aus. Leonardo jedoch störte sich an der Kreissektorierung und behauptete, sie überwunden zu haben.

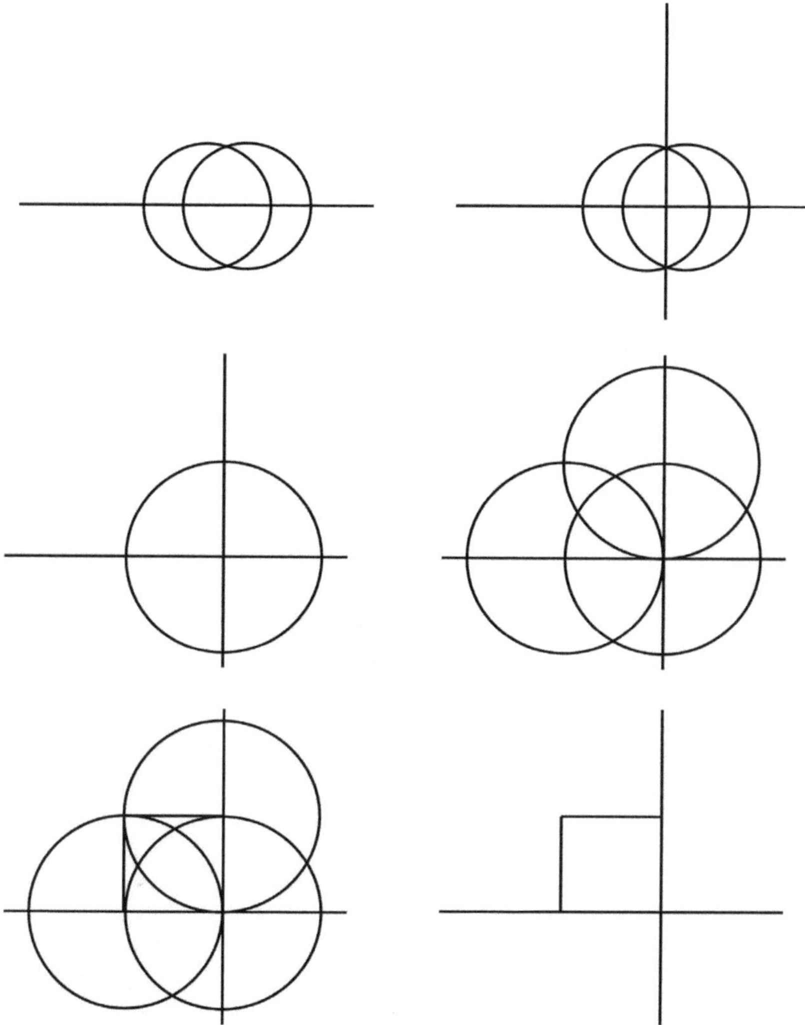

Quadrat, konstruiert mit Zirkel und Lineal.

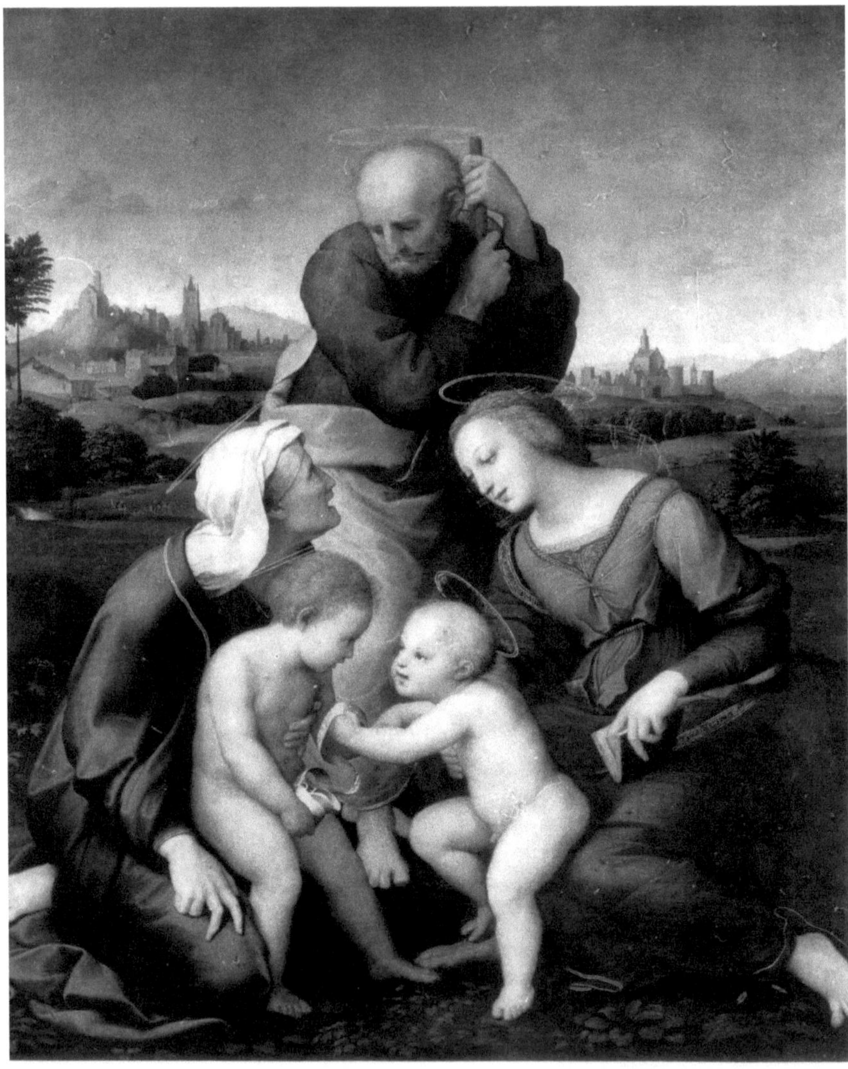

Raffael, eigentlich Raffaelo Santi: Die Hl. Familie mit Elisabeth und Johannes (Sacra Famiglia Canigiani). 1507. Öl auf Holz, 131 x 107 cm. München, Alte Pinakothek.

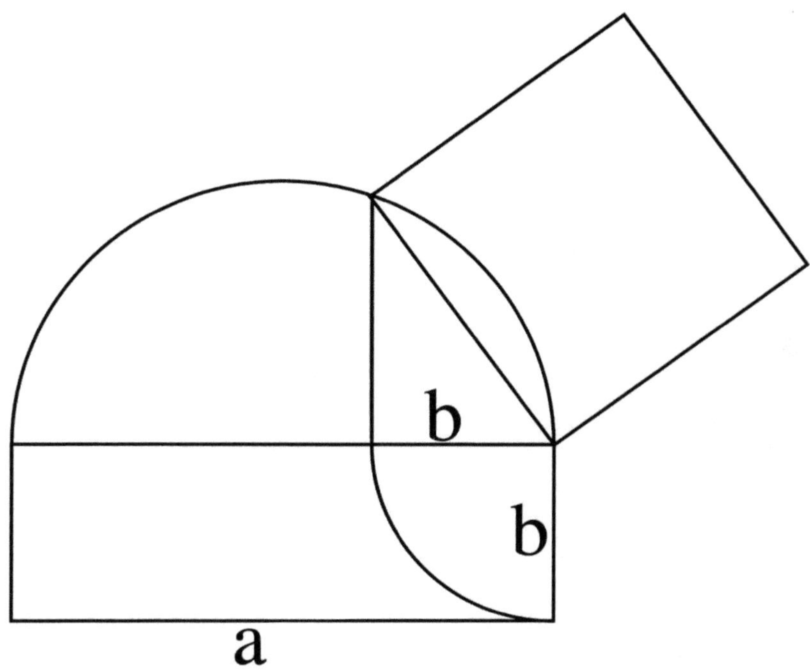

Rechteck, quadriert mit Zirkel und Lineal.

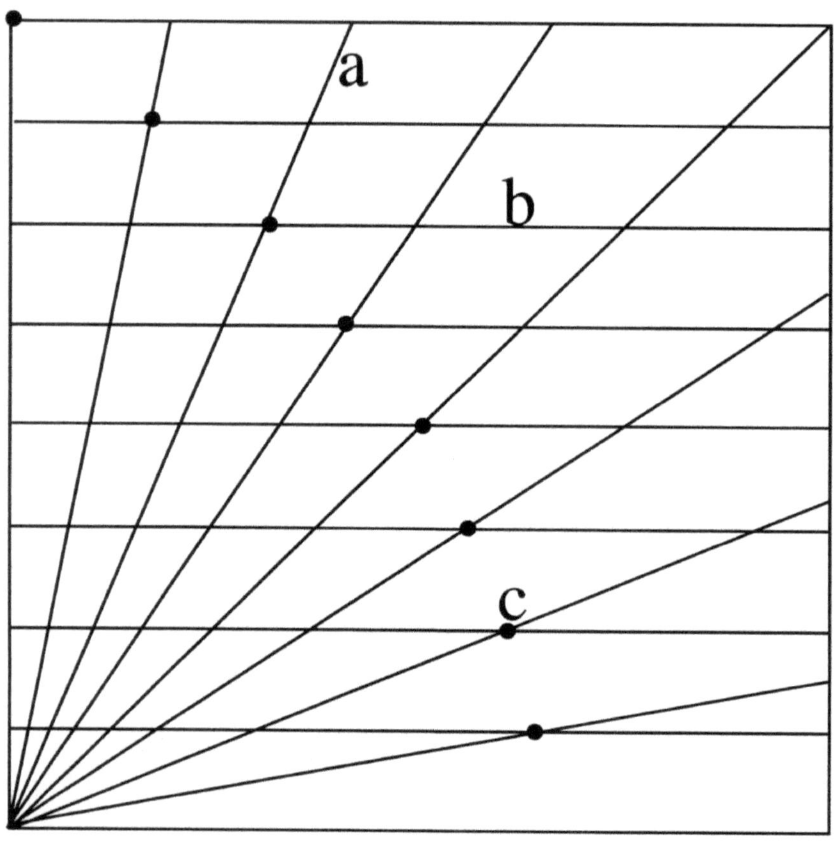

Schema der Quadratrix des Hippias von Elis.

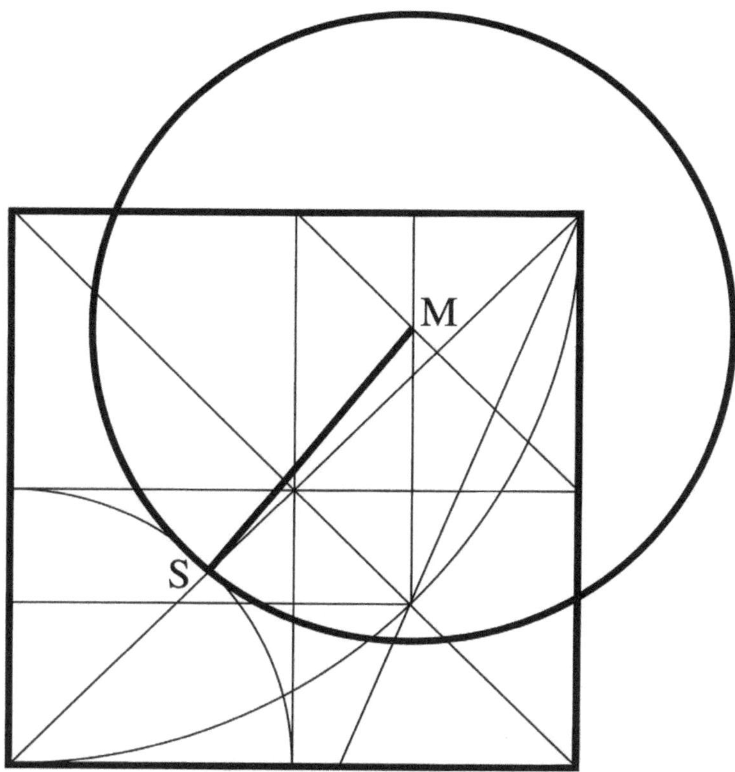

Konstruktionszeichnung eines Verfahrens zur Quadratur des Kreises mit Zirkel und Lineal. Das Verfahren führt zu einem Flächenverhältnis zwischen Kreis und Quadrat von 0.999088.

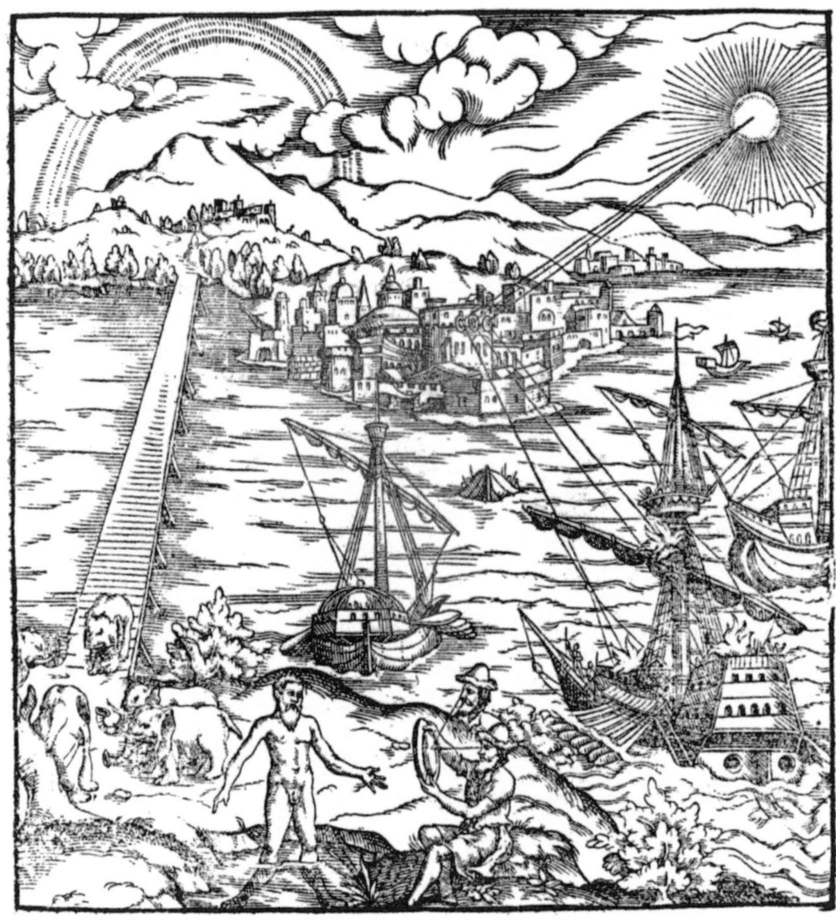

Titelblatt der lateinischen Ausgabe des Thesaurus opticus des arabischen Gelehrten Alhazen. Der Kupferstich zeigt, wie Archimedes von Syrakus römische Schiffe mit Hilfe von Parabolspiegeln in Brand gesetzt haben soll. Bayerische Staatsbibliothek München

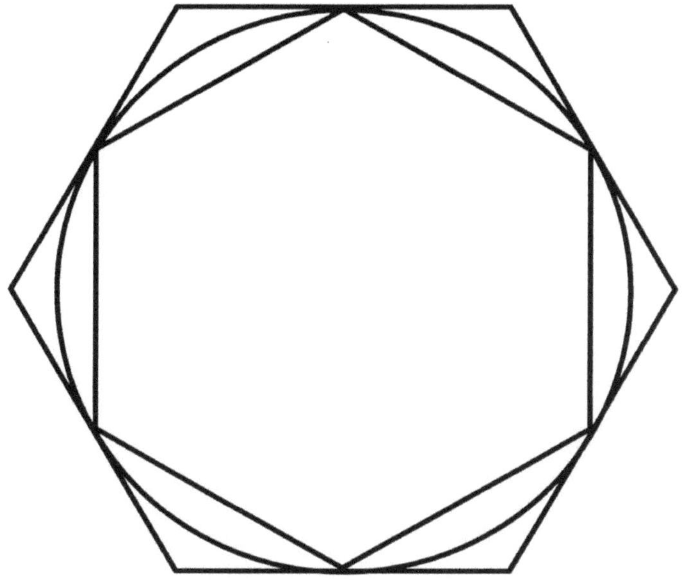

Kreisumfang im Intervall zweier Polygone, hier regelmäßige Sechsecke, zur Eingrenzung der Kreiszahl π.

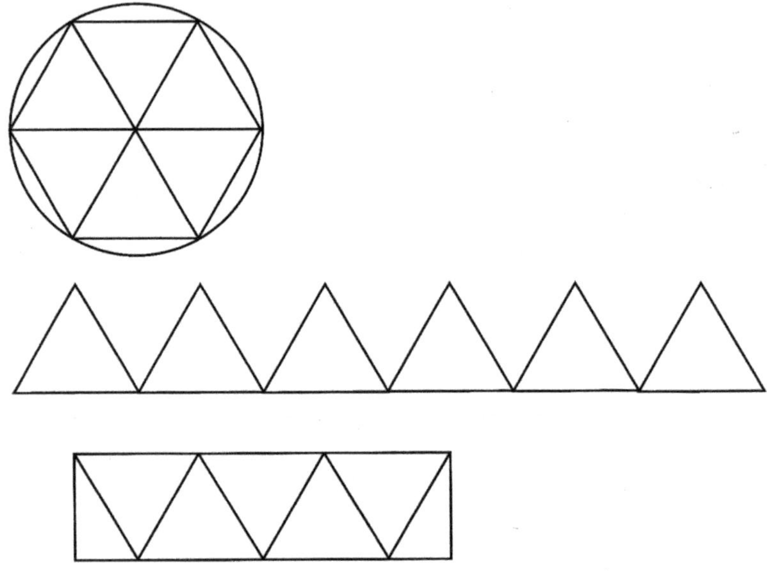

Illustration einer Kreissektorierung - hier vereinfachend mit einem regelmäßigen Sechseck - als Ansatz zur Quadratur des Kreises nach Archimedes. (Archimedes teilte den Kreis in 96 Sektoren).

3. LEONARDO UND DIE QUADRATUR DES KREISES

„Archimedes hat zwar die Quadratur einer vielseitigen Figur gegeben, aber nicht die des Kreises. Archimedes quadriert also nie eine Figur mit gekrümmten Seiten. Ich aber quadriere den Kreis, abzüglich des kleinsten Teils, den der Verstand sich vorstellen kann, d. h. des sichtbaren Punktes."

Leonardo da Vinci, Windsor 12280 r, um 1508-9 (s.a. S. 18)

Sechs oder sieben Jahre nach dieser selbstbewußten Behauptung äußerte Leonardo die feste Absicht, eine hinlänglich vorbereitete Abhandlung mit dem Titel *Vom Spiel der Geometrie* niederzuschreiben (vgl. S. 9), die aber leider nicht zur Veröffentlichung gelangte. Mögliche Anteile dieser Abhandlung müßten heute aus verschiedenen Manuskriptsammlungen herausgelesen werden. Dazu würden auch Leonardos fortschrittliche Ansätze zur Lösung der zweiten und dritten Königsdisziplin der antiken Geometrie zählen. Diese sind, wie erwähnt, zum einen die Drittelung des Winkels und zum anderen die Verdoppelung des Würfelvolumens. Auch bei diesen Aufgaben durfte nichts anderes als Zirkel und Lineal angewendet werden, und auch hier hatte die Antike Maßstäbe gesetzt.

Die Leonardo-Forschung verzeichnet bislang mindestens acht Manuskriptblätter, auf denen Leonardo seine Ambitionen zur Lösung der Kreisquadratur deutlich zu Papier brachte. Dazu zählen die beiden zitierten Verlautbarungen im Codex Atlanticus, Folio 45 v-a (vgl. S. 10) bzw. auf der Zeichnung Windsor 12280 r (s.o.). Sechs weitere Äußerungen finden sich auf folgenden Blättern:

Codex Atlanticus, Fol. 99 v-a (1516-7);
Manuskript G, Fol. 96 (1510-1);
Codex Atlanticus, Fol. 85 r-a und Fol. 118 v-a (beide um 1508-9);
Codex Madrid II, Fol. 112 a (1504)
und Manuskript K, Fol. 79 v/80 r (um 1503-4).

Alles in allem wurde Leonardos Ideen und Bemerkungen zur Quadratur des Kreises bislang nur mäßige Beachtung geschenkt. Vereinzelte Erläuterungen geben Pedretti (1970), Kemp (1981) und Marinoni (1996). Eine erstmalige

Übersicht über die Inhalte des soeben aufgezählten Materials wird folgen. Vorab soll jedoch kurz geschildert werden, wie und besonders seit wann der Mathematiker in Leonardo heranreifte.

Im Jahre 1469 wurde der siebzehnjährige Leonardo in die Werkstatt des florentiner Bildhauers and Malers Andrea del Verrocchio (1435-1488) aufgenommen. Verrocchio war damals neben Antonio Pollaiuolo (1432-1498) der führende toskanische Künstler. Das wußte auch der für die Renaissance-Forschung unentbehrliche Giorgio Vasari (1511-1574), als er über Leonardo schrieb:

> „So machte er in der Rechenkunst in wenigen Monaten reißende Fortschritte, und trug seinem Meister [Verrocchio] so vielfache Zweifel und Einwendungen vor, daß er ihn oft in Verwirrung versetzte."
>
> Giorgio Vasari, Le vite de' più eccellenti pittori scultori et architettori, Florenz 1568

Schon recht früh habe Leonardo sein mathematisches Talent und Wissen ausgespielt, gibt Vasari zu verstehen. Zwar sollten Vasaris Lebensbeschreibungen, auch Künstlerviten genannt, nicht einfach als nüchterne Wiedergabe von Fakten gelesen werden, da Vasari mit seiner spitzen Feder oft genug rhetorische und novellistische Feinheiten zwischen die Zeilen setzte. So könnte der Autor hier einerseits andeuten, daß Verrocchio für einen florentiner Meister des 15. Jahrhunderts vergleichsweise geringe Mathematikkenntnisse besessen habe. Doch andererseits kann man Vasaris Hinweis auf Leonardos Überlegenheit nicht leicht übergehen. Nicht zuletzt deswegen, weil Leonardo schon 1482 zum Maler, Ingenieur und Architekt am Hof des Herzogs von Mailand, Lodovico Sforza (1452-1499), berufen wurde. Ohne ausgewiesene Fähigkeiten auf den Gebieten der Mathematik wäre Leonardo kaum zum Hofkünstler aufgestiegen.

Der Kunsthistoriker Michael Baxandall (*Painting and Experience in 15th Century Italy*, Oxford 1972) hat einmal eine Vorstellung davon gegeben, auf welchem Stand die alltäglichen Rechenkünste im Italien des 15. Jahrhunderts betrieben wurden. Als Beispiel gibt er eine damals kursierende Textaufgabe wieder. Darin geht es um einen Sterbenden und seine schwangere Frau. Sie und die Halbwaise sollen sich einen Nachlaß von 800 Dukaten teilen. Im Falle eines Mädchens erhalten beide die Hälfte. Wird es aber ein Sohn, soll dieser 500 Dukaten bekommen. Diesen Plan durchkreuzt jedoch der unvorhersehbare Umstand, daß die Witwe Zwillinge gebiert, von denen einer ein Junge und eines ein Mädchen ist. Wie müssen nun die 800 Duka-

ten aufgeteilt werden, ohne gegen den letzten Willen des Vaters zu verstoßen? Solche und ähnliche Dreisatzaufgaben sind orientalischen Ursprungs.
Der italienische Mathematiker Leonardo Pisano (um 1180 - nach 1240), auch
unter dem Namen Fibonacci bekannt, hatte sie in Italien eingeführt. Die hier
beschriebene Aufgabe, der Scharfsinn, den sie herausfordert, und ihre Lösung vermitteln einen plastischen Eindruck des Denkens in Proportionen.

Bevor Leonardo Florenz im Jahre 1482 für siebzehn Jahre verließ, hatte
er sicherlich nicht nur einmal vor Masaccios berühmtem Fresko *Die Hl. Dreifaltigkeit* (S. 47) gestanden. Masaccio wurde im 15. Jahrhundert als weg-
weisendes Vorbild geschätzt. Sein Wandbild in der S. Maria Novella ist ein
Meilenstein der Malereigeschichte. Kein anderes Gemälde hatte je zuvor einen derart illusionistischen Bildraum aufgeboten. Mit der Linearperspektive öffnete Masaccio die Wand für einen Blick unter ein kassettiertes Tonnen-
gewölbe, unter dem Gottvater den Gekreuzigten hält. Ihm gab Masaccio eine
Eigenschaft, die nicht von der Perspektivkonstruktion abhängt, sondern von
den Proportionen. Die Christusfigur mißt vom Scheitel bis zu den Sohlen
genauso viel wie von den Fingerspitzen der einen Hand bis zu denen der
anderen. Der Gekreuzigte ist ein *homo ad quadratum*, er läßt sich in ein
Quadrat einschreiben. Das dürfte Leonardo nicht entgangen sein.

In Mailand entwickelte sich sein Sinn für die Mathematik weiter. Zu den
damaligen Ansprüchen an qualifizierte Baumeister und Ingenieure zählte die
Vertrautheit mit den Errungenschaften der antiken Architekten und Wissenschaftler. Als wichtigste antike Autorität auf dem Gebiet der Architektur
galt Vitruv, dessen *Zehn Bücher über die Architektur* (ca. 30 v. Chr.) den
neuen Baustil der Renaissance fundamentierten. Wie gut Leonardo seinen Vitruv kannte, belegt auch die *Proportionsstudie*, die von der Fachwelt in die Zeit
um 1492 datiert wird. Schließlich setzt sich der Text über und unter der Figur mit
den in Vitruvs Standardwerk angegebenen Regeln zur Darstellung des „wohlgeformten Menschen" auseinander.

Leonardo war nicht der einzige Architekt in Diensten von Lodovico
Sforza. Schon länger in Mailand war Donato Bramante (1443/4-1514), der
im Jahre 1500 in Rom die Bauleitung von St. Peter übernehmen sollte.
Bramante, den Leonardo in einem seiner Manuskripte freundschaftlich
„Donatino" nennt, soll ebenfalls die menschlichen Proportionen analysiert
und sogar ein Buch darüber angelegt haben. So schreibt es zumindest der
lombardische Maler und Kunsttheoretiker Giovanni Paolo Lomazzo (1538-
1600) in seiner Abhandlung *Trattato dell'arte della pittura, scultura et architettura*, Mailand 1584 (1. Buch, Kapitel 31; 6. Buch, Kapitel 14).

Unter den antiken Persönlichkeiten, zu deren Leistungen Leonardo frühzeitig eine besondere Beziehung entwickelte, war auch Archimedes, zumal sich Leonardo als Ingenieur mitunter Aufgaben stellten, die eines Archimedes würdig gewesen wären. Militärtechnik, Hebezeuge, Hydrauliken - wiederholt entwirft Leonardo Dinge, die ein Wissen voraussetzten, das auf Archimedes aufbaute.

In Mailand blieb Leonardo bis Ende des Jahres 1499. Zuvor, 1496, als er mit den Arbeiten am *Abendmahl* (S. 64) beschäftigt war, traf der Mathematiker und Franziskanermönch Luca Pacioli (um 1445-1514) am Hof des Herzogs ein, wo er blieb, bis er gemeinsam mit Leonardo Mailand in Richtung Florenz verließ. Die Leonardo-Forschung ist sich einig, daß Pacioli Leonardos Mathematikkenntnisse vertiefte und erweiterte, zumal es umgehend zu einer Zusammenarbeit der beiden kam. Nachdem 1494 in Venedig Paciolis *Summa aritmetica, geometria, proportioni et proportionalità*, das erste gedruckte Mathematiklehrbuch, erschienen war, arbeitete er in Mailand an einer Abhandlung über die antike Geometrie. Für dieses Buch namens *De divina proportione* (1498, veröffentlicht 1509) steuerte Leonardo die Zeichnungen der fünf regelmäßigen Polyeder bei. In derselben Schrift erwähnt Pacioli, daß Leonardo eine „Abhandlung über die Malerei und die menschlichen Bewegungen" verfaßt habe.

In Paciolis Geometrie-Abhandlung findet sich eine bemerkenswerte Äußerung zur Quadratur des Kreises. Pacioli betrachtete sie als noch ungelöst, war aber überzeugt, daß die Quadratur des Kreises auf Prinzipien beruht, die an der Natur erkennbar sind. „Vielleicht", ergänzt er, „ist der, der sie lösen wird, schon geboren" (*De divina proportione*, Fol. 30b).

Der Kontakt zu Pacioli hat Leonardos Kenntnisse der höheren Mathematik verbessert und vermehrt. Diesen Eindruck vermitteln zunächst seine ungezählten Studien zur Flächenumwandlung sichelförmiger und zweiwinkliger Gebilde in flächengleiche Formen (S. 50-52). Diese Versuche mit krummlinig begrenzten Flächen, die Leonardo „falcate" (Sicheln) bzw. „bisangoli" (Zweiwinkel) nennt, werden von der Forschung wie selbstverständlich später als 1496, also nach Paciolis Eintreffen in Mailand datiert. Es gibt allerdings keinen Grund, anzunehmen, daß Leonardo erst zu dieser Zeit Zugang zur Mathematik fand. Der damals bereits Vierundvierzigjährige dürfte allein schon wegen seiner vielfältigen beruflichen Verpflichtungen fachkundig gewesen sein. Undenkbar, daß erst Pacioli ihn in Probleme wie die der Kreisquadratur eingeweiht hätte, wenn diese Aufgabe längst die besten Köpfe beschäftigte. Unter diesen Voraussetzungen sollte auch die

Proportionsstudie nach Vitruv gesehen werden. Ob Pacioli sie gesehen hat, ist nicht bekannt.

Pacioli war aller Wahrscheinlichkeit nach ein Schüler des Malers und Mathematikers Piero della Francesca (1415/20-1492), der ein Hauptmeister der Frührenaissance (S. 49) war und Schriften über die Perspektivkonstruktion, den Abakus und die fünf regelmäßigen Polyeder verfaßt hatte. Daß Piero della Francesca den jungen Pacioli in der Mathematik unterrichtet habe, schreibt Vasari, der an Pacioli kein gutes Haar läßt. Pacioli habe seinen Lehrer um den verdienten Ruhm gebracht, indem er Pieros Errungenschaften als die seinigen ausgab.

Nach zwei Jahren in Florenz brach Leonardo im Gefolge des Herzogs Cesare Borgia (1475-1507) zu kriegerischen Unternehmungen in die Romagna auf. Auch Niccolò Machiavelli (1469-1527) gehörte zum Troß des adeligen Kriegsmannes, für den Leonardo abermals als Ingenieur für Militärtechnik und Festungsbau tätig wird. In den Jahren 1503-1506 lebt er wieder in Florenz. Dort malt er die sagenumwobene *Mona Lisa* (S. 65). In diesem Zeitraum verfügt Leonardo über eine stattliche Sammlung von über einhundert Büchern verschiedenster Wissensgebiete. Ein von ihm angelegtes Verzeichnis (Codex Madrid II, Fol. 2b, 1503) beinhaltet sieben Werke über die Mathematik:

- Euklid, *Elementa geometriae* (hierbei kommt eine der Ausgaben von 1482, 1491 oder 1502 in Frage);
- Euklids *Elemente* in italienischer Sprache;
- vier nicht näher bezeichnete Bücher über die Arithmetik
- und ein Buch, das Leonardo „quadratura del circolo" nennt. Hierbei handelt es sich wahrscheinlich um Archimedes *Circuli quadratura* in der Ausgabe von 1503.

In der Florentiner Zeit notiert er zwei Methoden zur Quadratur des Kreises, die beide auf die Kreissektorierung des Archimedes zurückgehen. In der vermutlich früheren Notiz überlegt Leonardo:

„Man stelle sich vor, der Kreis *ef* würde in fast unendlich viele Dreiecke aufgelöst, die dann auf einer geraden Linie, welche die Dreiecksgrundlinien in *ba* berührt, aufgereiht werden sollen. Nimmt man nun die Hälfte ihrer Höhe und macht daraus das Parallelogramm *abcd*, dann wird dieses flächengleich zum gegebenen Kreis *ef* sein."

Leonardo da Vinci, Manuskript K, Fol. 79 v/80 r, um 1503-4

Leonardo liefert hier eine Variante des Satzes, daß ein zum Kreis äquivalentes Rechteck aus dem Viertel des Kreisdurchmessers und dem Kreisumfang zu bilden ist (S. 53). Solch ein Rechteck ließe sich wiederum leicht quadrieren (S. 32).

Leonardo hat manche Notizen eigens datiert und dabei auch den Ort genannt oder die Situation beschrieben. Eine dieser besonderen Eintragungen betrifft auch die Quadratur des Kreises. Ganz feierlich schreibt er am 29. November 1504:

> „In der Nacht des Heiligen Andreas fand ich das Ende der Quadratur des Kreises, als die Nacht und mein Papier zu Ende gingen. Es wurde abgeschlossen am Ende der Stunde."
>
> Leonardo da Vinci, Codex Madrid II, Fol. 112 a, 1504

Was darauf folgt wirkt allerdings weniger erleuchtet. Er schlägt vor, zu einem gegebenen Kreis einen zweiten zu zeichnen, der den tausendfachen Radius und folglich die millionenfach größere Fläche aufweist. In diesen solle dann ein regelmäßiges Vieleck mit einer Million Ecken eingeschrieben werden. Dementsprechend teile man den Kreis in eine Million Sektoren, von denen ein jeder flächengleich zum ersten Kreis sei.

Die gesamte Überlegung irritiert. Wie schon bei dem Verfahren, das auf die Quadrierung eines Rechtecks hinauslief, bringt Leonardo hier erneut eine überflüssige Abwandlung der herkömmlichen Kreissektorierung des Archimedes. Dem antiken Wissen wird nichts Fortschrittliches hinzugefügt, auch nicht durch den in Codex Madrid II, Fol. 112 a angeschnittenen Satz über das Verhältnis zwischen Durchmesser und Umfang. Zudem läßt Leonardo Berechnungen zu seinen Vorschlägen vermissen, wo doch gerade darin ihr Nutzen zu suchen wäre. Denn sie könnten auf eine genauere, den Näherungswert von Archimedes verbessernde Bestimmung von π hinauslaufen.

Um 1508-1509, als Leonardo wieder in Mailand tätig ist, kritisiert er wiederholt Archimedes (Codex Atlanticus, Fol. 85 r-a und Fol. 118 v-a) und behauptet in der bereits zitierten Bemerkung (vgl. S. 37), daß er im Gegensatz zu Archimedes einen Weg kenne, auf dem er nicht einfach nur ein Polygon, sondern den Kreis in ein Quadrat gleicher Fläche überführt: „Ich aber quadriere den Kreis, abzüglich des kleinsten Teils, den der Verstand sich vorstellen kann, d.h. des sichtbaren Punktes." Diese Notiz enthält jedoch keinen Hinweis, wie dieses vom Sektorieren klar abgegrenzte Quadrieren funktionierten sollte. Aber die Art und Weise, wie Leonardo an dieser Stelle auf

Archimedes zu sprechen kommt, läßt Rückschlüsse auf Leonardos Selbstverständnis als Mathematiker zu. Für Gefühle der Überlegenheit war er nicht zu bescheiden, auch wenn seine bisher erläuterten Ideen zur Kreisquadratur seine Selbsteinschätzung kaum rechtfertigen. Dennoch schien er sich sicher, daß die Zeit - seine Zeit - gekommen war, die antiken Autoritäten zu übertreffen. Diesen Eindruck vermittelt auch seine nächste Bemerkung zur Kreisquadratur. Hier ist es Vitruv, den Leonardo aufs Korn nimmt:

> „Beim Messen der Meile mittels vieler ganzer Umdrehungen der Räder, welche die Wagen bewegen, legte Vitruv in seinen Stadien [Theater] viele Umfangslinien der Kreise solcher Räder nieder. Er lernte also von den Tieren, den Bewegern dieser Wagen, aber er erkannte nicht, daß man mit diesem Mittel das einem Kreis flächengleiche Quadrat finden kann."

Leonardo da Vinci, Manuskript G, Fol 96 r, um 1510-11

Diese hämische Notiz antwortet auf eine Stelle in Vitruvs *Zehn Büchern über die Architektur* (9. Buch, 8. Kapitel). Dort berichtet der Autor, daß Aristarch von Samos ein Vehikel zur Entfernungsmessung erfunden habe. Es mißt Strecken durch den Umfang seines Rades, d. h. durch die Zahl der Umdrehungen des Meßrades. Mit diesem läßt sich natürlich auch ein Kreis abfahren. Multipliziert man die zurückgelegte Wegstrecke mit einem Viertel des Kreisdurchmessers erhält man bekanntlich die Kreisfläche ($2\pi r \cdot r/2 = \pi \cdot r^2$. Leonardo, anscheinend fixiert auf die Kreisquadratur, vermißt bei Vitruvs Erwähnung des Meßrades einen sofortigen Ausflug zur größten aller mathematischen Aufgaben. Er unterstellt sogar, Vitruv hätte nicht gewußt, wie das Meßrad zur Bestimmung von π und damit zur rechnerischen Kreisquadratur zu nutzen wäre. Gerechtfertigt ist diese Unterstellung nicht, jedoch zeigt sie Leonardos Bedürfnis, sich als Wahrheit suchender Mathematiker vom Ingenieur Vitruv abzuheben, dem die mechanisch-praktische Anwendung seines Wissens genüge.

Im Jahre 1513 bricht in Rom die vorletzte Etappe von Leonardos Leben an. Bis 1516 steht er in Diensten von Papst Leo X. (Pontifikat 1513-1521) und wohnt im Belvedere des Vatikanischen Palastes. Rom hatte Florenz, die Wiege der Renaissance, als Kunstmetropole abgelöst, seitdem Julius II. (Pont. 1503-1513) Michelangelo (1475-1564) und Raffael (1483-1520) engagiert hatte. Zwischen Leonardo und Michelangelo bestanden keine Sympathien. In Florenz hatten sie ergebnislos um die Krone des besten Monumentalmalers konkurriert, als sie dort bis 1505 an ihren schließlich unvollendeten Schlachtenbildern für den Palazzo Vecchio arbeiteten. Später, in Rom, wurde Michelangelo huldvoll „der Göttliche" genannt, nachdem er 1508-1512 die Decke der Sixtinischen Kapelle ausgemalt hatte (S. 54). Raffael, der jüngste dieses Dreigestirns der Hochrenaissance, stattete seit 1508 bis zu seinem frühen Tod die päpstlichen Amtszimmer, die sogenannten Stanzen, mit redseligen, gleichnishaften Wandgemälden aus, die eine ganze Rechtfertigung der päpstlichen Macht ergeben (S. 55). Es dauerte nicht lang, da wurde auch Raffael als „der Göttliche" gerühmt. Aber während Raffael und Michelangelo mit ihren Fresken im Vatikan eine neue Sprache der Monumentalmalerei schufen, wurde es um Leonardo immer stiller. Kein einziger aufsehenerregender Auftrag erging an ihn. Er war weniger anpassungsfähig als der ehrgeizige Raffael, der selbst wie ein Fürst hofhielt, wenn er sich mit seiner Equipe tüchtiger Schüler ans Werk machte. Und der mittlerweile über sechzigjährige Mann aus Vinci war nicht mehr so jung wie Michelangelo, der gerade seinem Zenit entgegenging.

Vasari schmückt Leonardos Situation in Rom mit einer Anekdote aus, die Leonardo zum schrulligen Sonderling verzerrt. Dabei hatte der Autor die Vita Leonardos so überschwenglich begonnen. Nun aber scheint Vasari gewillt, Leonardo gegenüber Raffael und Michelangelo herabzusetzen:

> „Oftmals ließ er die Därme eines Hammels so fein ausputzen, daß man sie in der hohlen Hand hätte halten können; diese trug er dann in ein großes Zimmer, brachte in eine angrenzende Kammer ein paar Schmiedeblasebälge, befestigte daran die Därme und bließ sie auf, bis sie das ganze Zimmer einnahmen und man in die Ecke flüchten mußte. So zeigte er wie sie allmählich durchsichtig und von Luft gefüllt wurden. Und während sie, anfangs auf einem kleinen Platz beschränkt, sich immer mehr im ganzen Raum ausbreiteten, verglich er sie mit dem Genie."
>
> Giorgio Vasari, Le vite de' più eccellenti pittori scultori et architettori, Florenz 1568

In dieser Anekdote verdichtet Vasari den Vorwurf, daß Leonardo Zeit seines Lebens eine gewisse Produktivität und Dienstbarkeit vermissen ließ, bis schließlich seinem uferlosen Forschen keine sichtbaren Taten mehr folgten. Diesen Eindruck verstärkte Leonardo, weil er, was Vasari nicht schreibt, sich immer intensiver der Mathematik widmete, auch nachdem er 1516 auf Einladung des französischen Königs Franz I. nach Frankreich übergesiedelt war.

Noch in Rom hatte er notiert, daß er die Summe seiner mathematischen Studien unter dem Titel *Vom Spiel der Geometrie* niederschreiben wolle. Diese Absicht bestätigte er kurz bevor oder nachdem er Italien verlassen hatte (Codex Atlanticus, Fol. 99 v-a, 1516-7). Am 2. Mai 1519 starb Leonardo auf Schloß Cloux bei Amboise.

Aus Leonardos Notizen zur Quadrator des Kreises zeichnet sich kein Quadraturverfahren ab, das direkt mit der *Proportionsstudie nach Vitruv* zusammenhinge. Aber zweifellos darf aus seinen Äußerungen geschlossen werden, daß er in seinem Buch über die Geometrie drei, vier Quadraturverfahren anzugeben gedachte. Viele Seiten dieses Buches hätten sicherlich auch die Formenvielfalt der „falcate" und „bisangoli" (S. 50-52) durchgespielt, die wie die Kreisquadratur von der Umwandlung krummlinig begrenzter Flächen in geradlinige Aquivalente handeln.

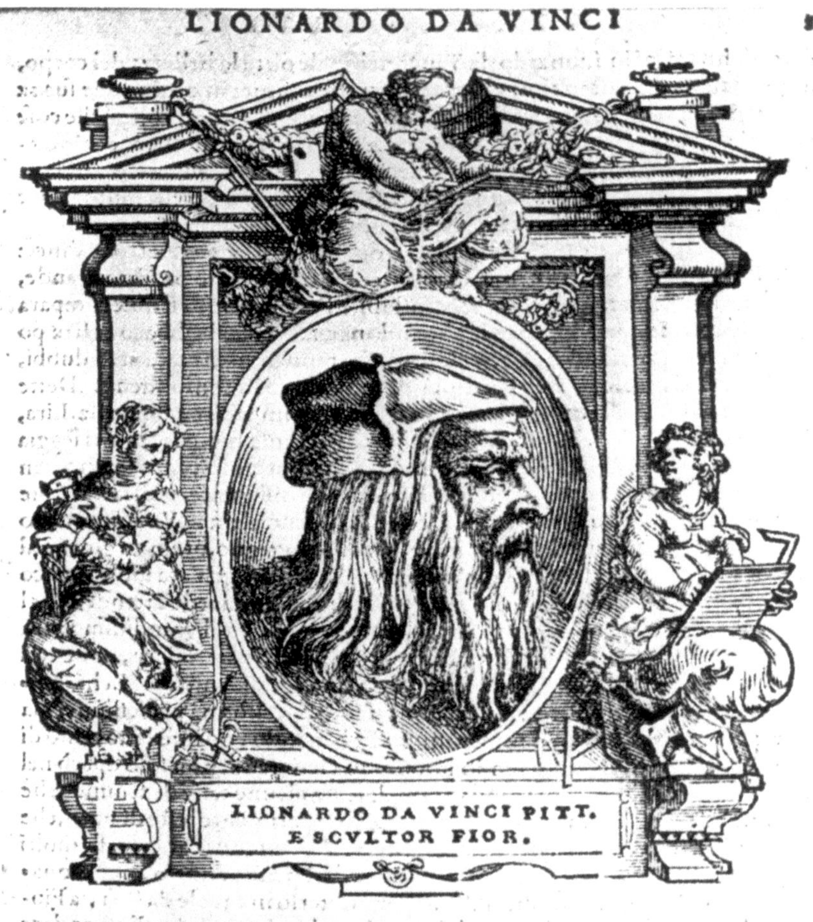

Portrait Leonardo da Vincis. In: Giorgio Vasari: *Le vite de' più eccellenti pittori scultori et architettori.* Florenz 1568. Holzschnitt.

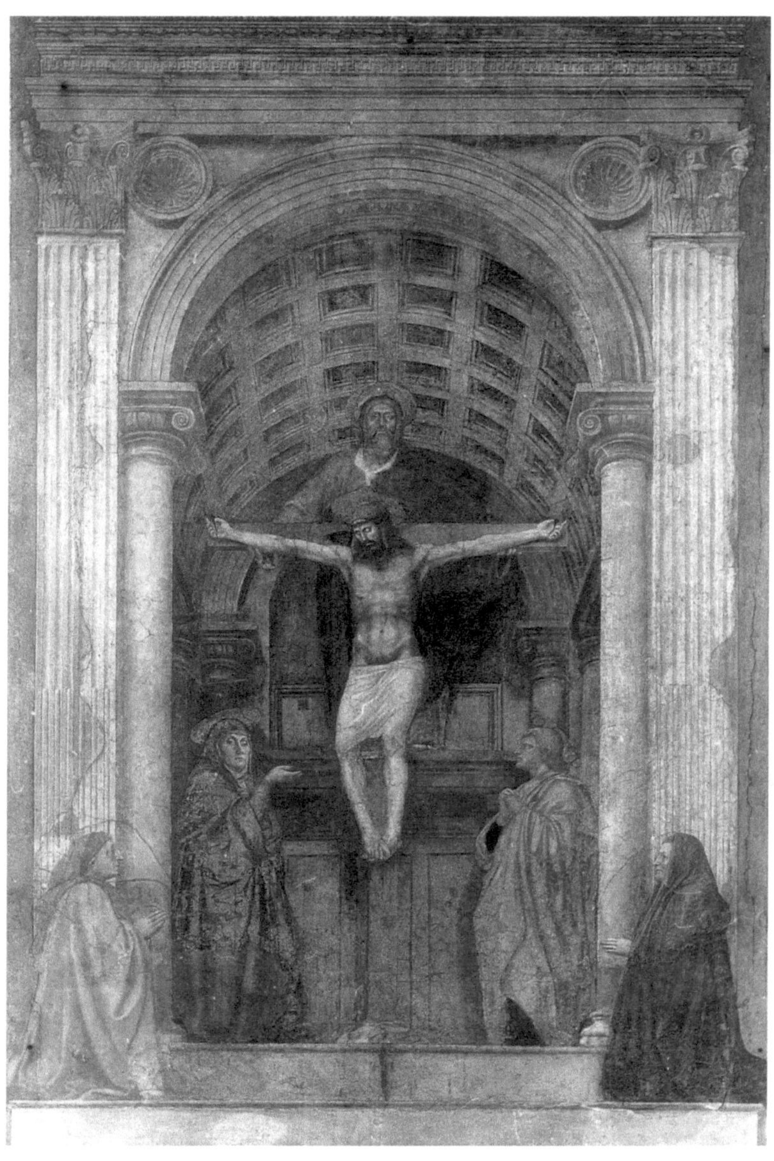

Masaccio, eigentlich Tommaso Cassai: Die Hl. Dreifaltigkeit. Um 1426/1428.
Fresko, 177 x 317 cm. Florenz, S. Maria Novella.

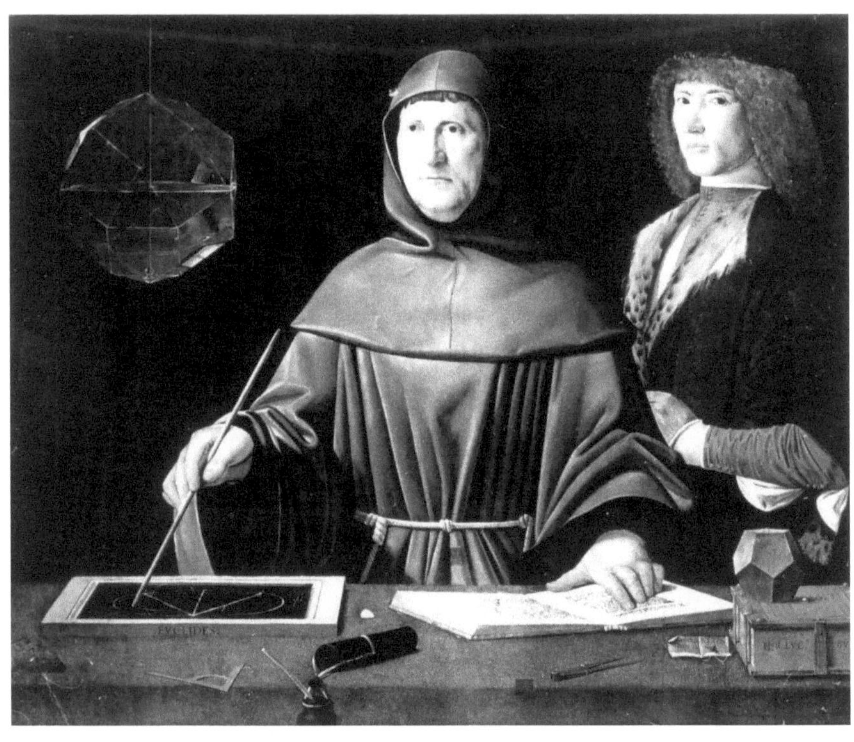

Jacopo de'Barbari (1460/70-1516): Fra Luca Pacioli und ein unbekannter junger Herr. 1495. Öl auf Holz, 99 x 120 cm. Neapel, Museo Nazionale.

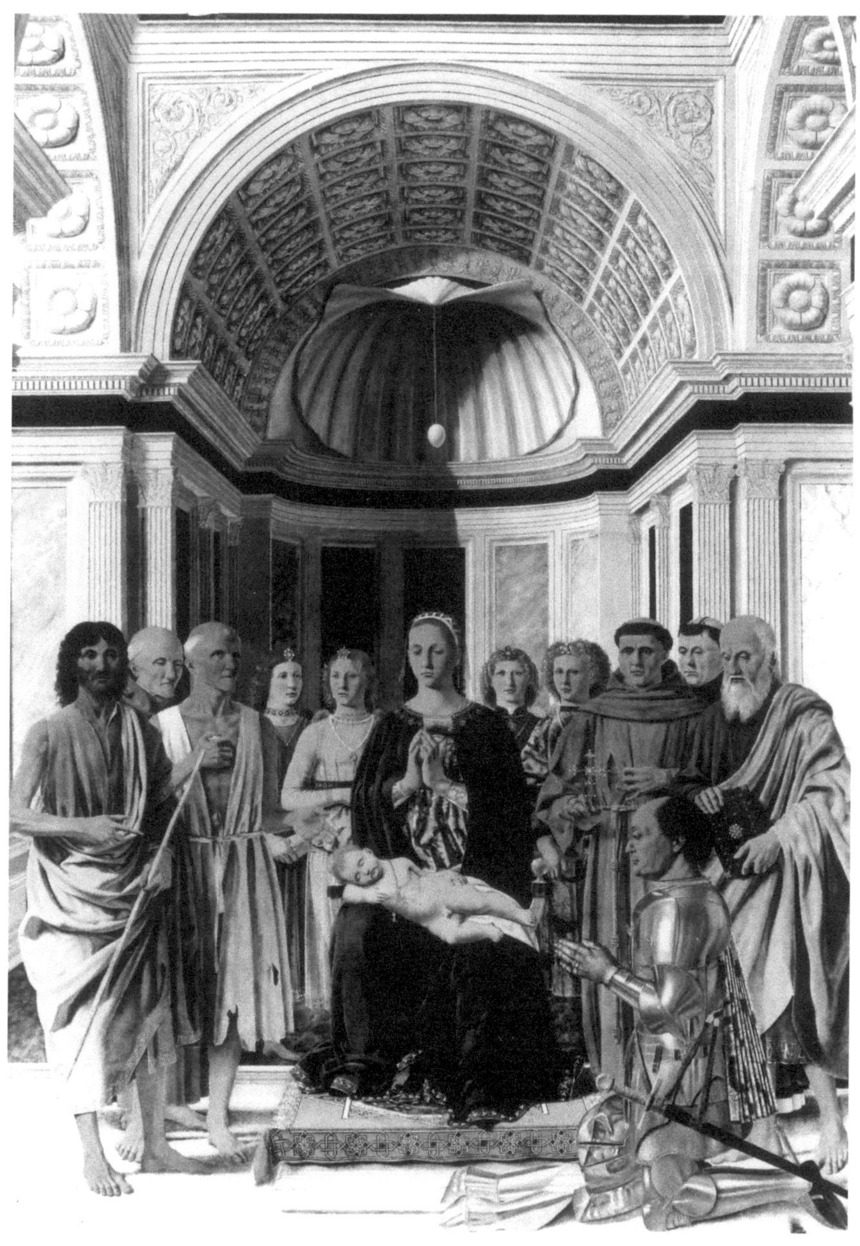

Piero della Francesca: Die Madonna von Urbino. 1472-1474. Öl auf Holz, 248 x 170 cm. Mailand, Pinacoteca di Brera.

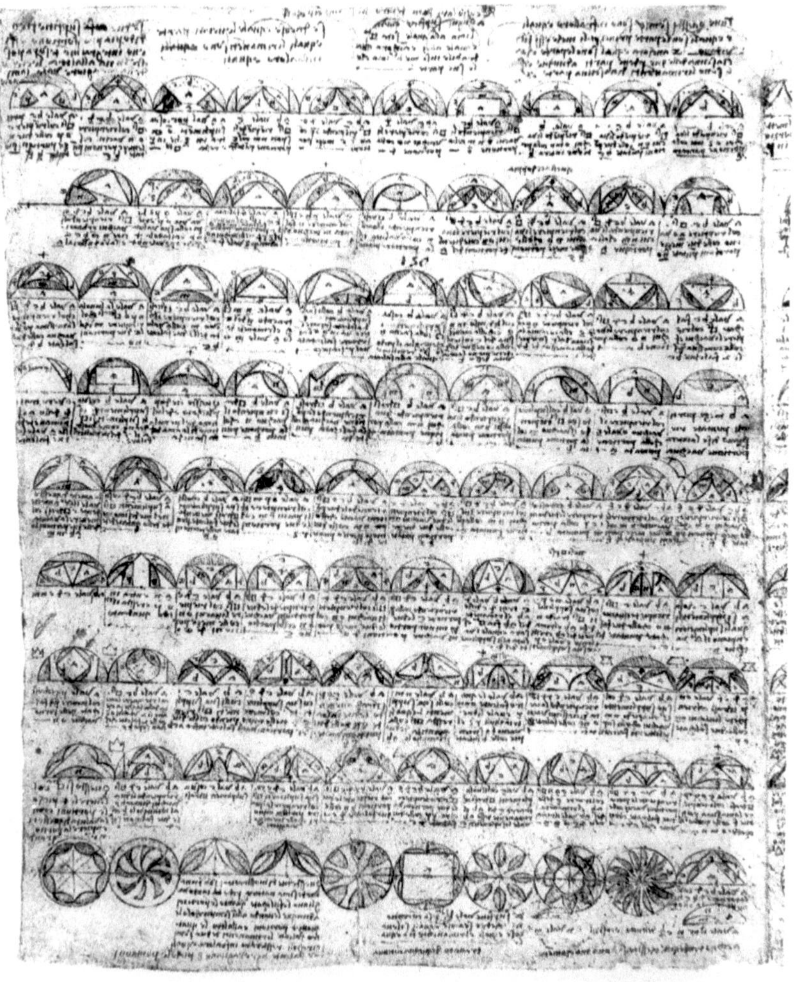

Leonardo da Vinci: Geometrische Studien zur Flächenumwandlung krumm- und gemischtlinig begrenzter Formen - „bisangoli" und „falcate". Feder, braune Tinte, linke Hälfte des Doppelblattes, Höhe 28,9 cm. Mailand, Biblioteca Ambrosiana, Codex Atlanticus, Fol. 455, vormals 167 r-ab.

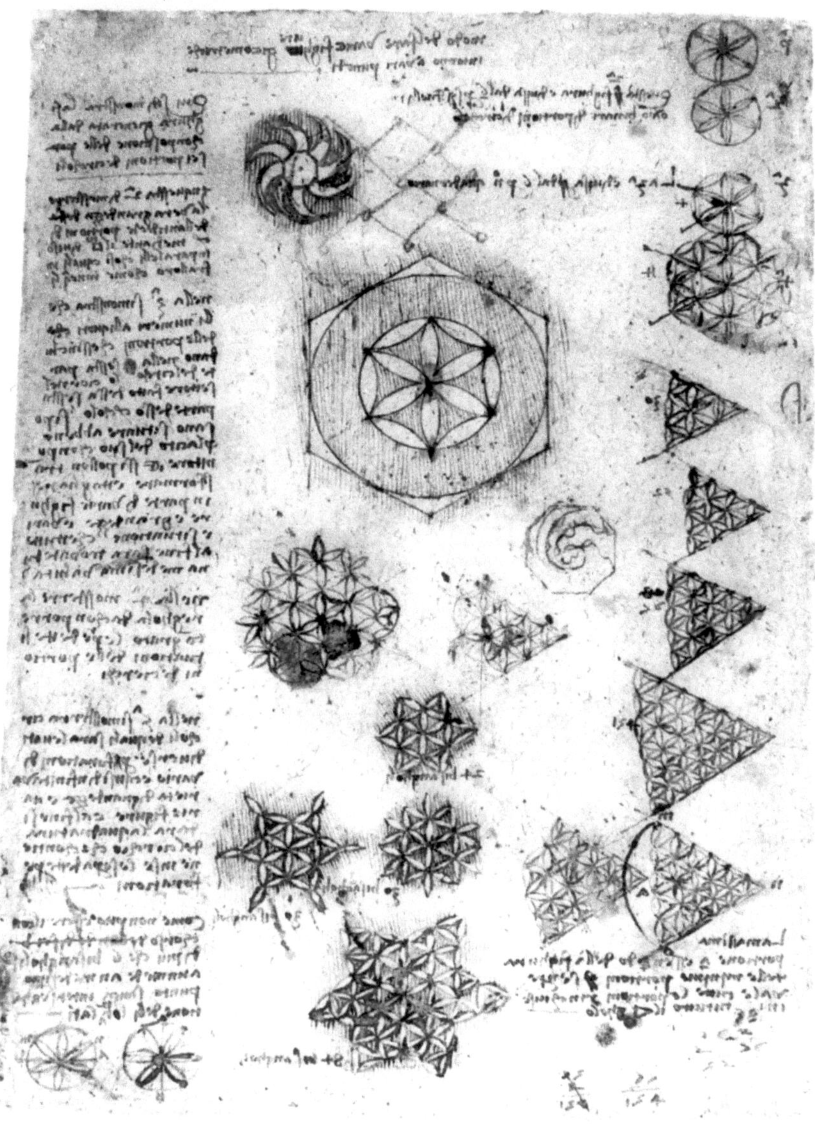

Leonardo da Vinci: Geometrische Studien zur Flächenumwandlung anhand von „bisangoli". Feder, braune Tinte, 30,2 x 21,1 cm. Mailand, Biblioteca Ambrosiana, Codex Atlanticus, Fol. 459, vormals 168 r-a.

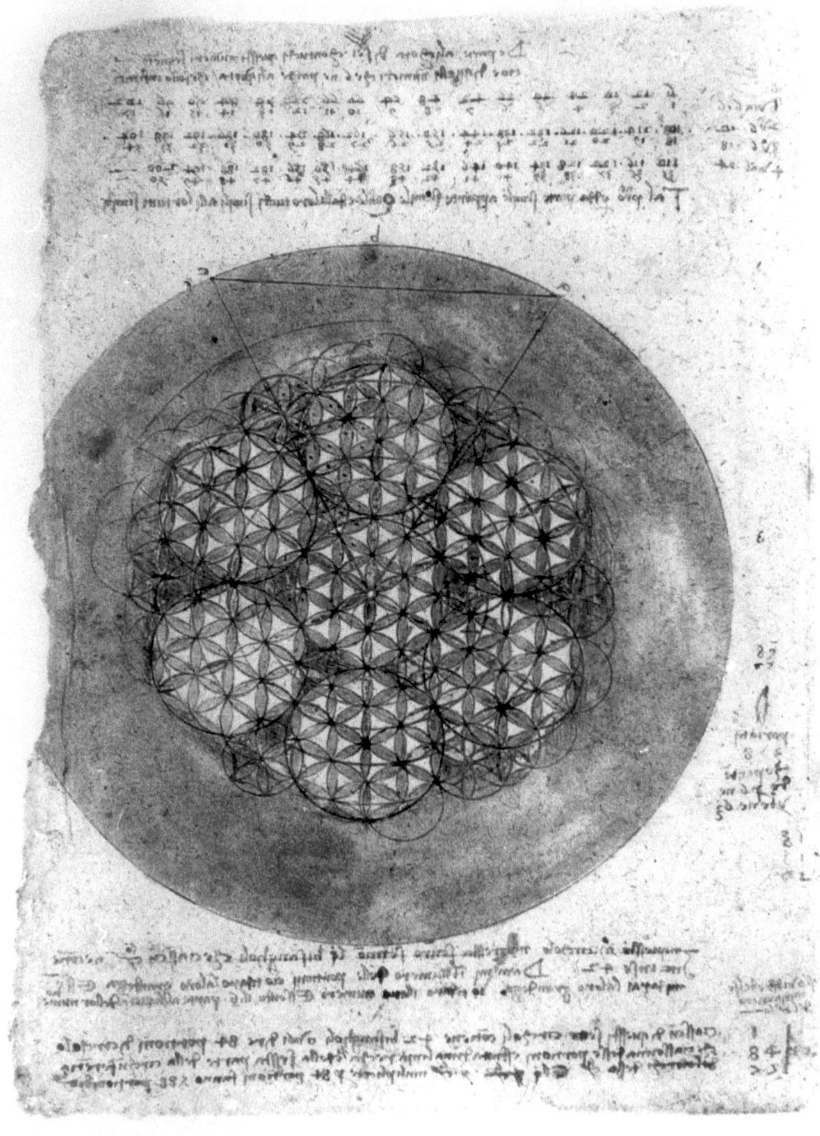

Leonardo da Vinci: Geometrische Studien zur Flächenumwandlung anhand einer Rosette aus „bisangoli". Feder, braune Tinte, 30 x 21 cm. Mailand, Biblioteca Ambrosiana, Codex Atlanticus, Fol. 307 v, vormals 110 v-a.

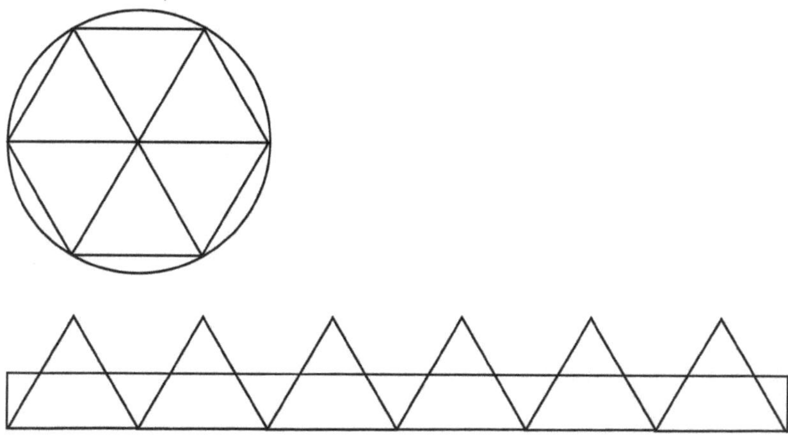

Schema nach Leonardos Notiz auf dem Manuskript K, Fol. 79 v/80 r (vgl. S 41).

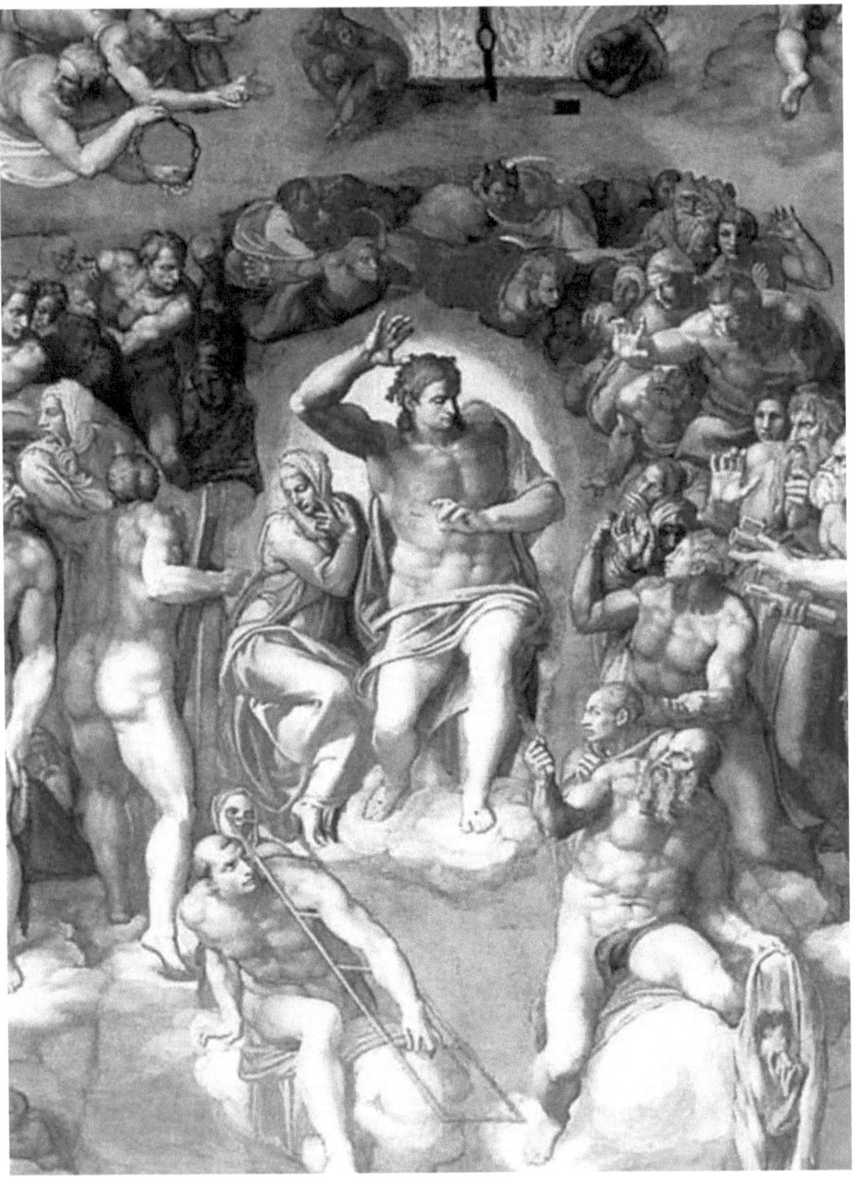

Ausschnitt aus Michelangelos Fresko Das Jüngste Gericht. 1534/41. Rom, Sixtinische Kapelle.

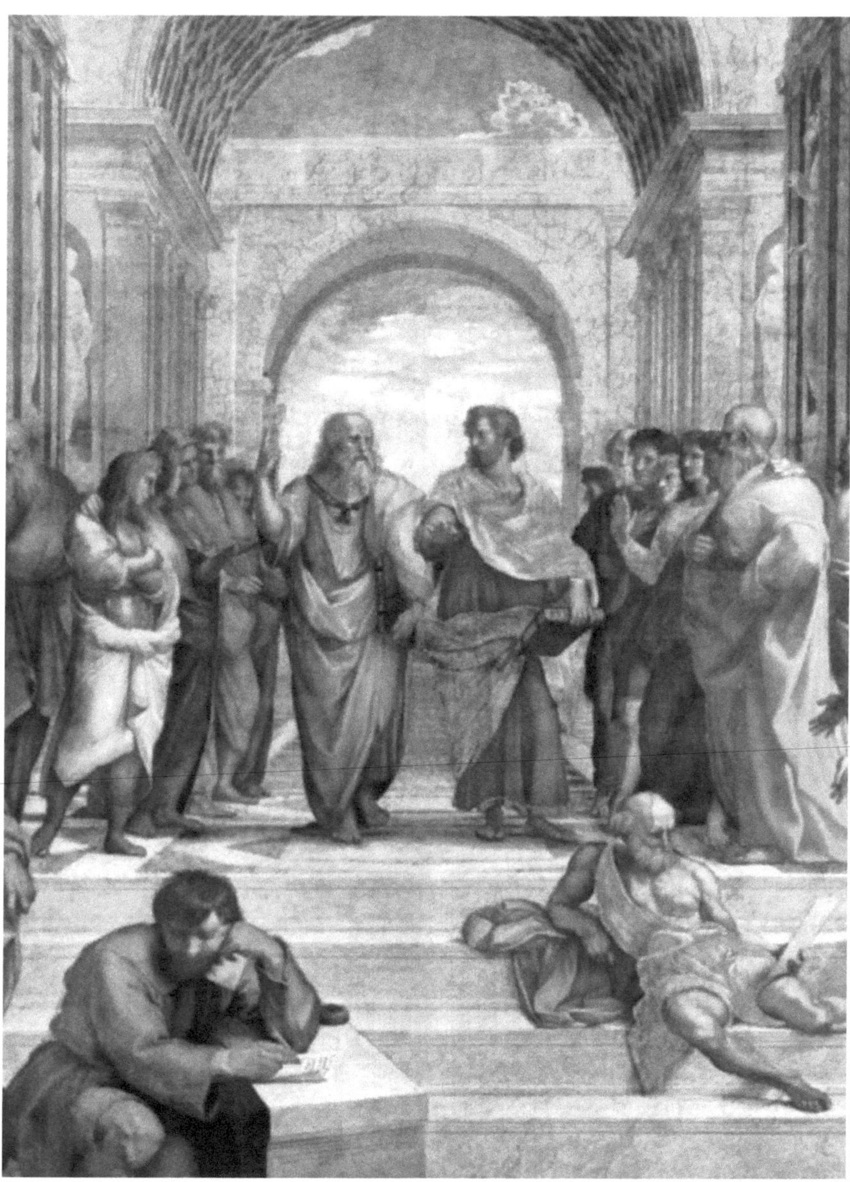

Ausschnitt aus Raffaels Fresko Die Schule von Athen. 1509/10. Rom, Stanza della Segnatura des Vatikanischen Palastes.

4. Malerei und Mathematik

Leonardo war auf dem besten Wege, das wohl umfangreichste Lehrbuch der Malerei zu verfassen. In diesem leider doch unvollendeten Werk entwickelte er die Regeln der Malerei aus der Welt der Mathematik. Wie und warum er die Theorie der Malerei mathematisierte, ist für Menschen des 20. Jahrhunderts eine erstaunliche Sache. Denn im Gegensatz zu Leonardo ziehen viele moderne Künstler und (möglicherweise abhängig von ihnen) die Kunsthistoriker mehrheitlich einen tiefen Graben zwischen der Mathematik, die als Inbegriff des Rationalen gilt und galt, und einer die Festung des Subjektiven verteidigenden bildenden Kunst, die möglichst unabhängig und theoriefrei sein soll. Eine solche romantische Kunstauffassung war Leonardo fremd:

> „Die Anhänger der Malerei nähren ihre Erfahrung nicht mit Träumen, sondern gehen immer nach den wahren Prinzipien der Reihe nach vor, so daß sich bis zum Ende eines aus dem anderen ergibt, wie man es von den Grundbegriffen der Mathematik, der Zahl und dem Maß, mit anderen Worten, der Arithmetik und der Geometrie kennt."
>
> Leonardo da Vinci, Codex Urbinas, Fol. 19 r (vgl. S. 11)

Dieser bekennerhafte Satz steht im ersten Teil seines *Trattato della pittura*, der erst 1656 in Frankreich veröffentlicht wurde. Diese und alle weiteren Ausgaben wurden durch die Arbeit von Leonardos Lieblingsschüler Francesco Melzi (1493- um 1570) möglich. Ihm hatte Leonardo seinen wissenschaftlichen Nachlaß vererbt. Aus diesem zog Melzi in den 1550er Jahren Leonardos Gedanken über die Malerei, über ihren Rang und ihre erlernbaren Regeln. Der von Melzi zusammengestellte Codex befindet sich heute in der Biblioteca Vaticana. Er enthält Blätter aus vier Jahrzehnten, wobei die ältesten in das Jahr 1480 zu datieren sind. Leonardos Schriften zur Malerei zeugen vom Anspruch, alle denkbaren Wissensgebiete zu durchqueren, die sich der gelehrte Maler - der Pictor doctus - wissenschaftlich aneignet: Licht und Schatten, Linear- und Luftperspektive, Anatomie und Bewegung, Ausdruck und Schönheit, Wahrnehmung und Gedächtnis. Vorab vergleicht Leonardo die Malerei mit der Dichtung, der Musik und der Bildhauerei. Am Anfang jedoch stehen die Grundbegriffe der Geometrie. Dazu werden wir nachher den Bogen schlagen.

Als Melzi den Codex zusammenstellte, beabsichtigte er vermutlich die Veröffentlichung des *Trattato*. Damit hätte er Leonardos Schrift eingereiht in die zwei Dutzend heute bekannten kunsttheoretischen Schriften des 15. und 16. Jahrhunderts. Gerade zu Melzis Zeit blühte diese Literaturgattung, die in Einzelfällen ziemlich pedantische Züge annehmen konnte. Oftmals waren die Autoren selbst keine Maler, Bildhauer oder Architekten, sondern Sekretäre, Übersetzer oder Literaten, zum Teil auch Geistliche. Ihr gemeinsames Ziel jedoch war, die Künste zu fördern, einerseits indem man den möglichen Auftraggebern indirekt beibrachte, wie man die Qualität eines Kunstwerks beurteilt und welche geistigen Leistungen gute Kunst voraussetzt. Andererseits wurde vermittelt, nach welchen Regeln und Vorbildern die betreffende Kunst erlernt werden sollte. Hiermit richteten sich die Kunstabhandlungen an die künftigen Künstlergenerationen.

Leonardo sah die Notwendigkeiten, den Künsten ein theoretisches Fundament zu verleihen, schon sehr früh gekommen und hatte mit Cennino Cennini (um 1370-1440), Lorenzo Ghiberti (1370-1455), Leon Battista Alberti (1402-1470) und Piero della Francesca erst wenige Vorgänger. Dabei war und blieb Leonardos Verhältnis zur Mathematik einzigartig. Er betonte es mit einem fast pythagoreischen Anspruch, dem kein späterer Autor folgte. Statt dessen leiteten die Theoretiker, die zu Melzis Zeit schrieben, die Grundbegriffe der Malerei aus der antiken Rhetorik und Poetik ab. Einen antiken Malereitraktat hielt man mangels Überlieferung nicht in Händen. In der Folge wurden Cicero (106-43), Horaz (65-8) und Quintilian (1. Jh. n Chr.) die Väter der Gedanken.

Im ersten, einleitenden Teil seines *Trattato* begründet Leonardo seine Auffassung, daß die Malerei eine auf der Vernunft und der Erfahrung beruhende „göttliche Wissenschaft" ist. Dazu bringt er drei Argumente: erstens beschreibe der Maler seine Objekte mit den mathematischen Begriffen Punkt, Linie, Fläche und Raum; zweitens sei die Malerei keine mechanische (rein handwerkliche), sondern eine geistige Disziplin; und drittens leiste sie für ihren Betrachter ein Vielfaches mehr als die Dichtkunst oder die Musik. Dem Vergleich (*paragone*) mit der Dichtkunst und der Musik widmet Leonardo zwei ausführliche Abschnitte. Dabei begründet er die Überlegenheit der Malerei damit, daß sie dem leistungsfähigsten aller fünf Sinne, dem Augenlicht, Rechenschaft ablegt. Das Auge, so Leonardo, entdecke mehr und überprüfe viel gründlicher als das Gehör auf seine Weise. Das galt natürlich sowohl für die Augen des Malers als auch für die des Betrachters. In Leonardos leidenschaftlichem Lob des Auges findet sich der Satz:

„Es ist der Fürst der Mathematik, sein Wissen ist unumstößlich ... es hat die Architektur und die Perspektive hervorgebracht und die göttliche Malerei."

Leonardo da Vinci, Codex Urbinas, Fol. 16 r

Aber ganz im Gegensatz zu dieser Wertschätzung der Malerei wurde diese offiziell als Handwerk eingestuft. Die Berufsausübung des Malers wie auch die des Bildhauers wurde durch Handwerkszünfte geregelt, deren Satzungen die Ausbildung, die Preise und die Arbeitstechniken vorschrieben. Vom Handwerkerstand emanzipierten sich nur die privilegierten Hofkünstler und später auch solche, die den staatlichen Akademien angehörten. Die erste Institution dieser Art wurde 1563 auf Betreiben von Vasari in Florenz gegründet. Ihre Mitglieder waren die florentinischen Maler, Bildhauer und Architekten. Die Akademie verdankte ihren Namen *Accademia del Disegno* auch Leonardo, denn er hatte die Devise ausgegeben, daß der *disegno* - das Zeichnen - die Grundlage des Werkprozesses sein müsse.

Schon Leonardo hegte den Gedanken, den Kreis seiner Schülerschaft Akademie - *Achademia Leonardi Vinci* - zu taufen, um mit dem Flair des Gelehrtenzirkels jeglichen Werkstattgeruch zu vertreiben. Denn die Vertreter der mathematischen und literarischen Wissenschaften genossen erheblich mehr Ansehen als Maler oder Bildhauer. Maler und Bildhauer nennen wir heute bildende Künstler, zählen sie zusammen mit den Musikern und Dichtern zur Gesellschaftsgruppe aller Künstler und unterscheiden sie von Handwerkern und Wissenschaftlern. Zu Leonardos Zeit gab es unseren Künstlerbegriff nicht. Maler und Bildhauer wurden offiziell als Handwerker eingestuft, wobei der Anteil rein geistiger Arbeit unterbewertet blieb. Nur die mathematischen und literarischen Wissenschaften gehörten zu den freien, *artes liberales* genannten Künsten. Zum mathematischen Zweig der *artes liberales* gehörten die Arithmetik, Geometrie, Musik und Astronomie, zum sprachlichen die Beredsamkeit (Rhetorik und Poetik), die Philosophie und die Grammatik. Hierin ist ein Ansatzpunkt aller Theoretiker zu sehen, die der Malerei einen höheren Rang verleihen wollten, sei es, indem sie das Mathematische in der Malerei betonten, oder durch die Verschwisterung der Malerei mit der Rhetorik und Poetik.

Was aber meint Leonardo, wenn er die Malerei auf die Geometrie und Arithmetik bezieht? Zum einen meint er die optische Perspektive. Das ist gut dokumentiert, von der kunsthistorischen Forschung ebenso gut erforscht und schließlich auch leicht nachvollziehbar an Leonardos *Entwurf für die*

Anbetung der Könige oder an seinem *Abendmahl* (S. 62, 64). Zum anderen verwendet er die üblichen Brüche (1/2, 1/4, 1/8 usw.) bei seinen Studien der menschlichen Proportionen. Das beste Beispiel gibt die *Proportionsstudie nach Vitruv* (S. 104), bei der Leonardo wiedergibt, was der römische Architekt und Ingenieur Vitruv über die Maßverhältnisse des „wohlgeformten Menschen" schrieb (für den Kopf 1/8 der Gesamthöhe, vom Scheitel bis zur Brust 1/4 usw.).

Nun ist aber bei der *Proportionsstudie nach Vitruv* auch die Quadratur des Kreises im Spiel. Einen ersten und an dieser Stelle ausreichenden Hinweis darauf liefert die Tatsache, daß die waagerechten Mittelfinger der Doppelfigur einen zum gegebenen Quadrat flächengleichen Kreis anzeigen (S. 105). Dieser zu ergänzende Kreis steht (wie der von Leonardo eingezeichnete) mittig auf der Quadratgrundseite. Wenn also diese *Proportionsstudie* in jene höhere Mathematik verwickelt ist, dann haben wir es zusätzlich mit einer mathematischen Demonstrationszeichnung zu tun. Oder wir erkennen darin sogar den Zugang zu einer tieferen Naturphilosophie.

Die Essenz von Leonardos Naturanschauung findet sich in seinen geometrischen Studien zur Flächenumwandlung (S. 50-52). Überzeugt davon ist der Philologe Marinoni:

> „Was macht die Natur anderes, als ihre Formen innerhalb einer .. quantitativ unveränderlichen Menge an Materie unendlich oft zu variieren? Beim Spiel mit den mathematischen Gesetzen der Proportion und der Proportionalität variiert Leonardo die Formen einer quantitativ unveränderten Fläche."
>
> Augusto Marinoni 1996, S. 73

Entscheidend für die Malerei ist nun ihre antike, von der Renaissance neu formulierte Definition als Nachahmung der Natur, womit nicht das fotograisch getreue Abbilden des Äußerlichen gemeint war, sondern ein Nachvollziehen der Naturgesetze. Wer sie verstand, konnte die Natur nachschaffen, wie sie wahrhaftig ist. Die sichtbare Natur lieferte lediglich das Denk-Material. Wie es dagegen zu einem Ideal geformt und geordnet werden sollte, erschloß Leonardo aus der Geometrie:

> „Ob die Malerei eine Wissenschaft ist oder nicht: Wissenschaft ist derjenige Gedanke, der von den letzten Prinzipien ausgeht, außerhalb derer man in der Natur nichts anderes finden kann, das zu dieser Wis-

senschaft gehören würde; das sehen wir bei der kontinuierlichen Quantät, nämlich in der Wissenschaft der Geometrie, die, ausgehend von der Oberfläche der Körper, ihren Ursprung in der Geraden, also der Grenze dieser Oberfläche findet; aber das stellt uns noch nicht zufrieden, denn wir wissen, daß nichts weniger sein kann als der Punkt. Folglich ist der Punkt das Grundprinzip der Geometrie, und es gibt weder in der Natur noch im menschlichen Geist irgendetwas, das der Anfang des Punktes wäre."

Leonardo da Vinci, Codex Urbinas, Fol. I r - v

Zu den „letzten Prinzipien", die Leonardo im Auge hat, findet er, indem er im wahrsten Sinne des Wortes abstrahiert. Er gliedert das in der Natur Beobachtete in Körper, diese in Oberflächen, deren Grenzen beschreibt er als Geraden, die ihren Anfang in einem Punkt nehmen. Dieser kann beispielsweise der Fluchtpunkt einer linearperspektivischen Ordnung der Dinge sein (S. 64), aber anders als beim *Abendmahl* bedarf es bei der *Proportionsstudie nach Vitruv* (S. 104) keiner Linearperspektive mit flüchtenden Sichtlinien. Von diesem Werk ausgehend, dürfte man Leonardos Lehrsätze auch freier auslegen. Überhaupt ist diese nicht gleichzusetzen mit der Theorie der Linearperspektive. Diese ist bei Leonardo keinesfalls gleichbedeutend mit Geometrie, sondern eher mit dem, was wir heute Optik nennen.

Leonardos zur Geometrie vordringende Analyse kehrt sich beim Schaffensprozeß um. Der Maler, der mit dem zeichnerischen Entwurf beginnt, geht bereits bei den ersten Linien von einem Punkt aus. Hat der Zeichner von dem, was er darzustellen gedenkt, vorab eine Idee und eine Ordnung im Kopf, wird er einen Ausgangspunkt wählen, aus dem sich vieles weitere ergibt. Beim *Abendmahl* könnte es der Fluchtpunkt des linearperspektivischen Bildraums sein, der übrigens den Innenaum des Refektoriums fortsetzt. Den Fluchtpunkt hat Leonardo auf das uns zugewandte Auge Christi gesetzt. Dagegen muß es bei der *Proportionsstudie nach Vitruv* andere Arten von zentralen Punkten geben.

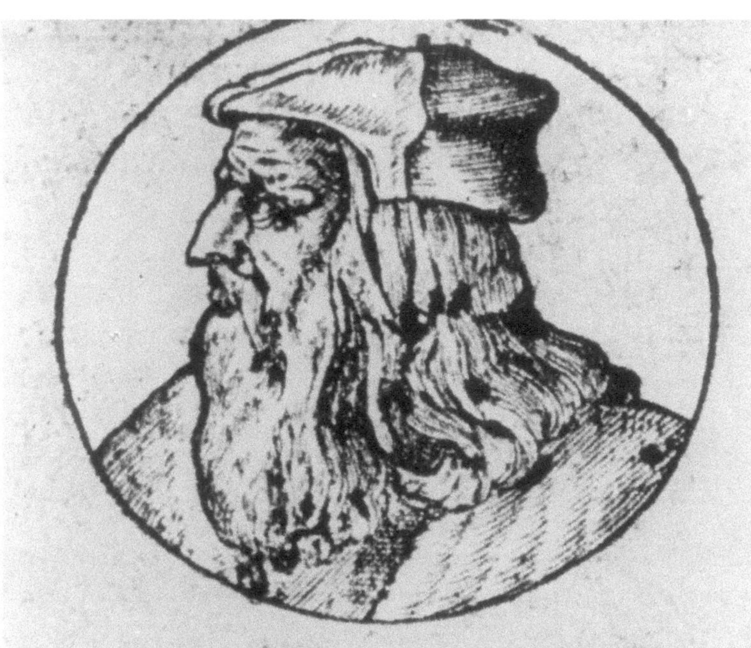

LEONARDVS da VINCI Florentinus, præter pingendi artem in qua excelluit, Geometriam & Arithmeticam apprimè calluit, atque omnes qui sui pictores longè antecelluit. Fuit is nempe primus, æui in Italia gratiam arte addidit Sculptor quoque non inter postremos fuit, scripsit & de arte pingendi accuratè, quæ à peritis desideratur. Obijt Mediolani natus annos LXXV.

Portrait Leonardo da Vincis. In: Peter Opmer: *Opus chronographicus*. Antwerpen 1611. Holzschnitt. „... Geometriam & Arithmeticam apprimè calluit ...“ - in der Geometrie und Arithmetik besonders erfahren.

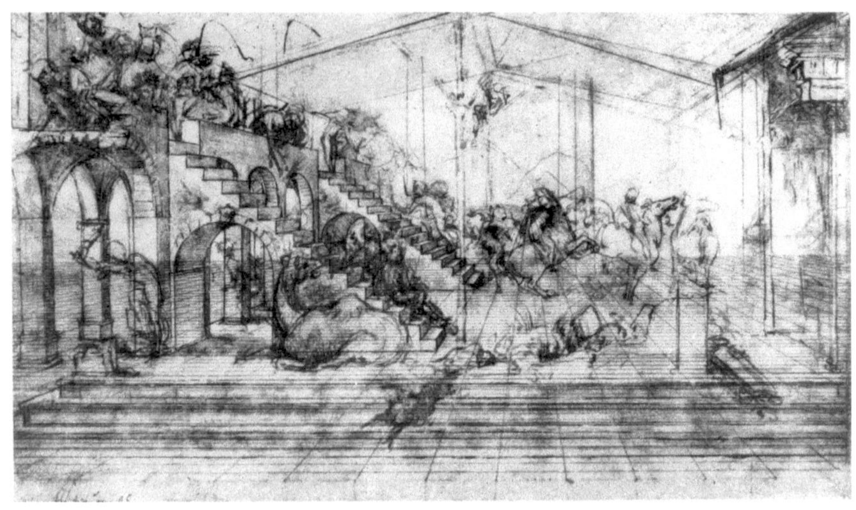

Leonardo da Vinci: Entwurf für die Anbetung der Könige. 1481. Feder, braune Tinte und Lavierungen, Silberstift, Bleiweiß, 16,3 x 29 cm. Florenz, Uffizien.

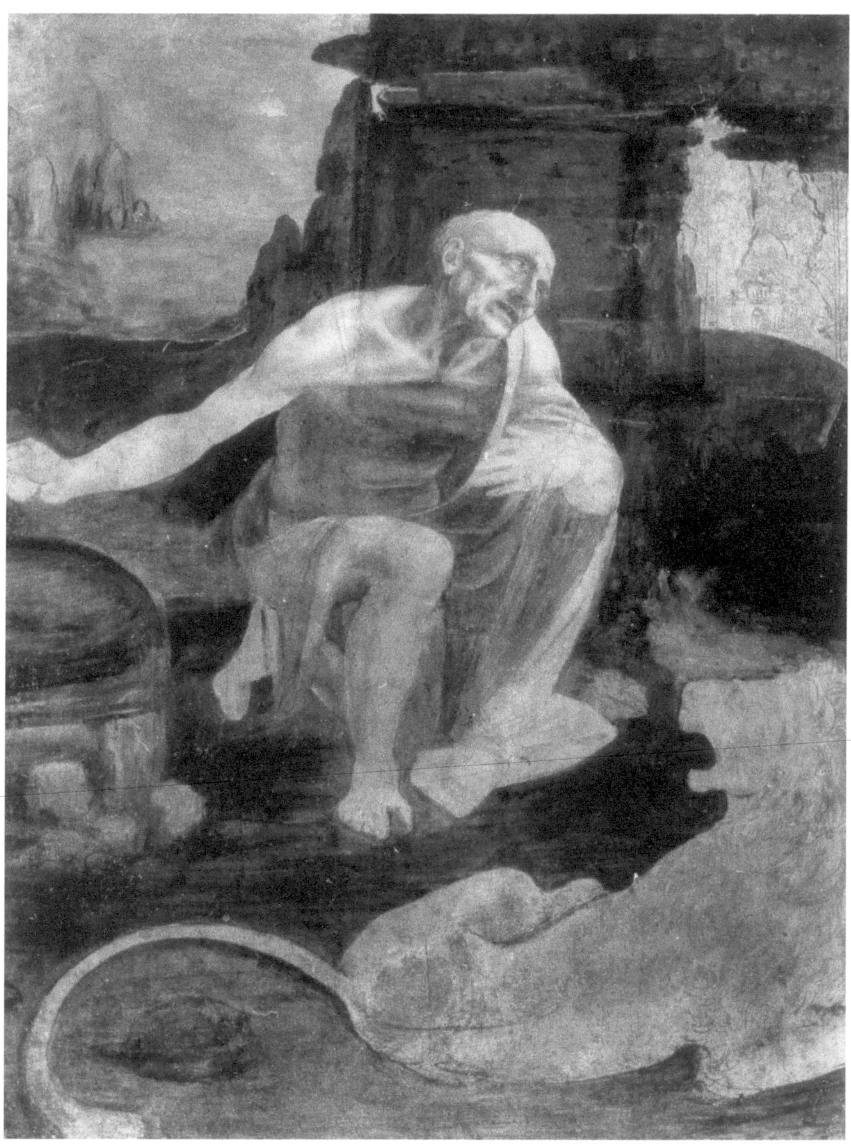

Leonardo da Vinci: Der Hl. Hieronymus. Um 1479-1481. Öl auf Holz (unvollendet), 103 x 75 cm. Rom, Pinacoteca Vaticana.

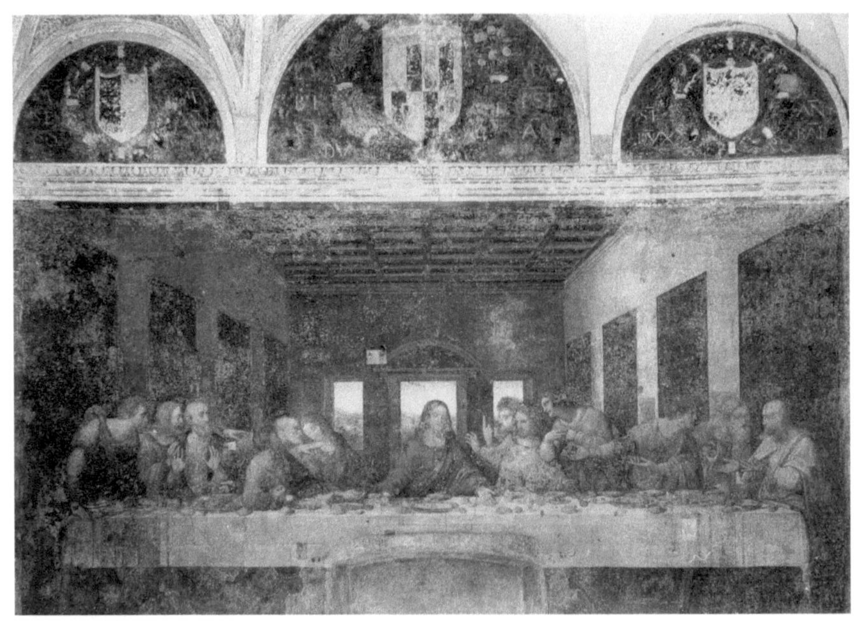

Leonardo da Vinci: Das Abendmahl. 1495-1498. Tempera und Öl auf Putz, 460 x 880 cm. Mailand, St. Maria delle Grazie, Refektorium.

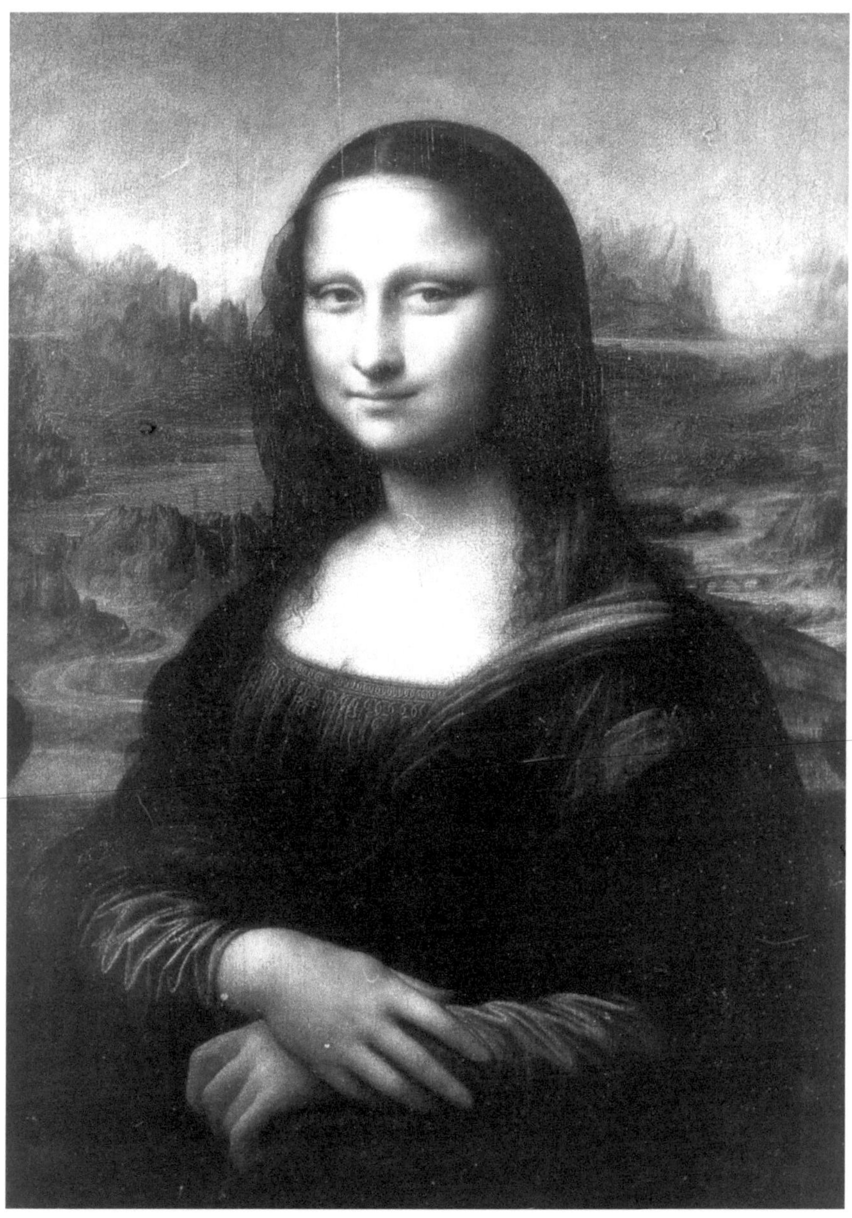

Leonardo da Vinci: Mona Lisa (La Gioconda). Um 1503/1506. Öl auf Holz, 77 x 53 cm. Paris, Musée du Louvre.

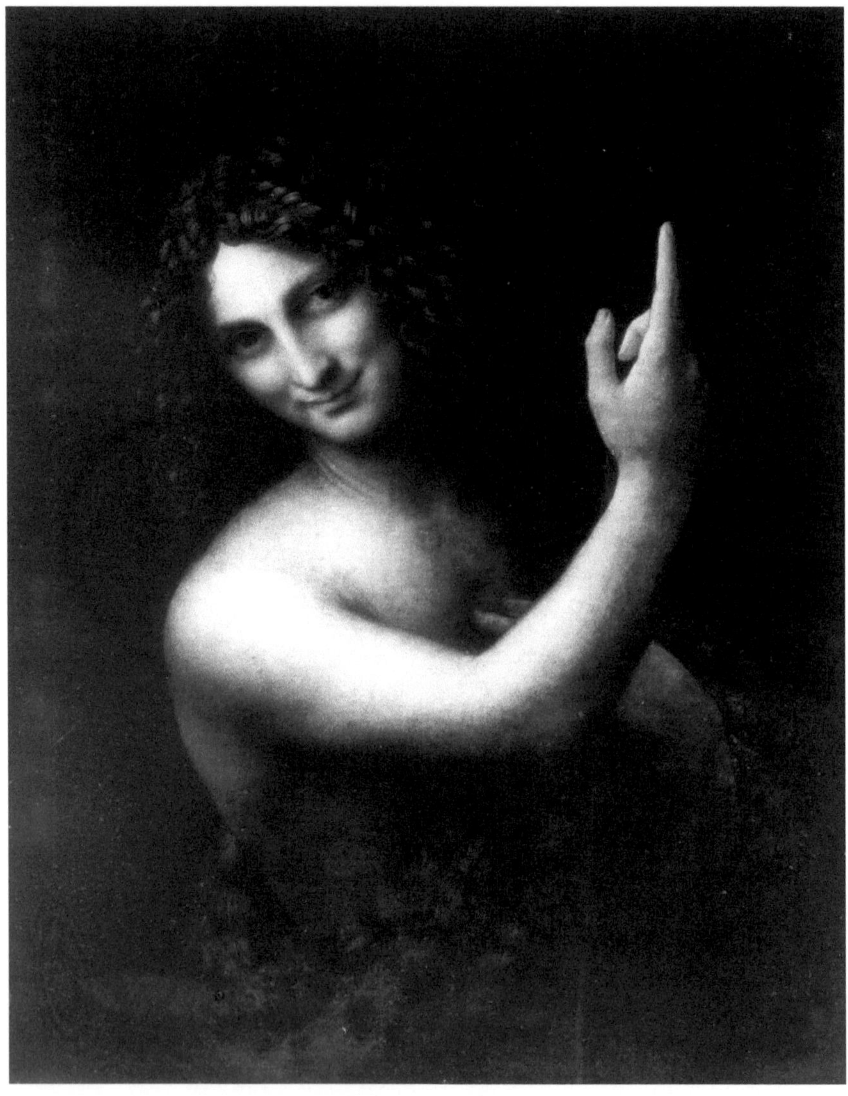

Leonardo da Vinci: Der Hl. Johannes der Täufer. Um 1513/1516. Öl auf Holz, 69 x 57 cm. Paris, Musée du Louvre.

5. Bild und Text der Proportionsstudie nach Vitruv

Die Proportionsstudie fehlt in keiner Leonardo-Monographie, in kaum einer Gesamtdarstellung der Kunst der Renaissance und wurde ungezählte Male von der modernen Gebrauchsgrafik zitiert: Leonardos weltbekannte Federzeichnung eines reifen Mannes als Doppelfigur mit ausgestreckten Gliedmaßen, die in ein Quadrat und einen Kreis eingeschrieben und von einem Text in Spiegelschrift umgeben ist (S. 104). Insbesondere in den Gesamtdarstellungen der Renaissance-Kunst wird die Zeichnung wie selbstverständlich zum Gütezeichen jener Epoche genommen, die den Menschen als Krone der Schöpfung ansah und für seine Darstellung geregelte - ideale und lehrbare - Proportionen erprobte, wie es auch Ghiberti, Alberti, Dürer (S. 80, 81) oder Erhard Schoen (um 1495 - nach 1541) taten.

Die bisherigen Interpretationen der *Proportionsstudie nach Vitruv* stellen zunächst fest, daß Leonardo hier in Wort und Bild rezipiert, was Vitruv über die Proportionen des „hominis bene figurati" - des wohlgeformten Menschen - schreibt, welcher zudem sowohl in ein Quadrat als auch in einen Kreis einzuschreiben ist. Nach diesem noch einvernehmlichen und leicht zu überprüfenden Befund, zielen die weiterführenden Deutungen der *Proportionsstudie* in mindestens fünf verschiedene Richtungen, die hier anhand der Interpretationen von Erwin Panofsky (1940), Hans Ost (1975), Martin Kemp (1981), Frank Zöllner (1987) und Sigrid Braunfels Esche (1994) verglichen werden können.

Panofsky hat die Kunstwissenschaft geprägt wie kein zweiter. Bei fast jedem wichtigen Thema der Kunstgeschichte bildet er den Dreh- und Angelpunkt, um den viele der nachfolgenden Autoren kreisen. Als erster wagte er einen Überblick über *Die Proportionslehre als Abbild der Stilentwicklung* (1921) seit der ägyptischen Kunst bis hin zu Dürer. Darin jedoch bildet er Leonardos *Proportionsstudie nach Vitruv* überraschenderweise nicht ab und erwähnt sie lediglich mit der Aussage, daß sie zu Leonardos Studien zur Anthropometrie - der Lehre von den Maßverhältnissen des menschlichen Körpers - gehöre. Näheres und Vielschichtigeres erfährt man von Panofsky erst in seinem Standardwerk *The Codex Huygens and Leonardo da Vinci's Art Theory* (1940). Dieser Codex enthält Zeichnungen, die, wie später Zöllner (1989) glaubhaft macht, verschollene Zeichnungen von Leonardo zum Vorbild haben (s. Anhang). Panofsky bringt den *Codex Huygens* mit Leonardos Proportions- und Bewegungslehre in Verbindung, grenzt sie aber auch von ihr ab. Das zeigt er sehr deutlich an der Zeichnung Folio 7 (S. 88), die er direkt mit *Leonardos Proportionsstudie nach Vitruv* vergleicht. Panofsky benennt bei Folio 7 die Positionen der Gliedmaßen und die verwirrenden geometrischen Formen, denen er jedoch keinen tiefen Sinn abgewinnen kann. Sicherlich wirken bei Folio 7 das eine oder andere Sechseck und Dreieck überflüssig, und leicht erhält man den Eindruck, daß hier mehr übertreibende Regelwut am Werk war als konstruktive Notwendigkeit. Trotzdem lohnt es sich, nähere Vergleiche mit Leonardos Blatt anzustellen, weil Folio 7 vieles bestätigt, was über Leonardos Blatt herauszufinden ist. Deshalb werden wir mehrfach auf Folio 7 zurückgreifen.

Panofsky bringt in seiner Bestandsaufnahme von Folio 7 auch seine Deutung der *Proportionsstudie nach Vitruv* unter. Nachdem er kurz auf Vitruv und den Kern dieser Textvorlage hinweist, überfliegt er die anthropometrische Deutung und stellt eine kosmologische auf:

> „ ... the arms and the legs of the figure are drawn into different positions in order to visualize Vitruvius' statement that the human body is capable of being inscribed both in a circle and a square. But Vitruvius - and Leonardo - lay stress on the fact merely because it tends to show the harmony between the structure of the human body and the ‚most perfect' geometrical shapes, which implies also a correspondence of the human body with the universe."

Panofsky 1940, 121f

Den abschließenden und entscheidenden Relativsatz leitete Panofsky aus einer Bemerkung seines Kollegen Fritz Saxl ab. Dieser hatte Leonardos Zeichnung in einer Studie über kosmologische Grundgedanken in mittelalterlichen Buchillustrationen erwähnt.

Ost dagegen behandelt die Zeichnung im Rahmen seiner Studie über den *HI. Hieronymus* (S. 63). Auch dieser zeuge von der Anwendung der vitruvianischen Textvorlage, wobei Ost nur von der Proportionierung, nicht von den geometrischen Formen spricht. Der *HI. Hieronymus* wirke allerdings mißlungen:

> „Wie sich bei den ‚Fehlern' der Hieronymusgestalt zeigt, hat Leonardo noch in den frühen 80er Jahren geradezu mit Blindheit gegenüber der natürlichen Erscheinung die vitruvianische Regel durchzusetzen gesucht."

Ost 1975, S. 26

Erst bei der *Proportionsstudie* gelinge es Leonardo erstmals, Vitruvs Vorgaben „mit der natürlichen Erscheinung [des Menschen] in Übereinstimmung zu bringen." Somit bewertet Ost die Zeichnung als neuen Stand bei der Anwendung von Vitruvs Vorgaben.

Kemp faßt den Mann im Kreis und Quadrat ganz anders auf. Er ordnet die Doppelfigur in die Architekturtheorie ein, liefert jedoch keine nähere Interpretation:

> „The ghost of this man, his arms and legs eternally tracing the perfect geometry of God's creation, haunts the ground plans of Leonardo's most unified designs for centralized buildings."
>
> Kemp 1981, S. 253

Lange vor Kemp vermutete Hellmann (1960), die *Proportionsstudie* fuße auf dem sogenannten quadratischen Schematismus der mittelalterlichen Baugeometrie. Darauf jedoch bezieht sich Kemp nicht. Statt dessen findet er die Verbindung zur Architektur bei Vitruv und bei Francesco di Giorgio (1439-1501), den Leonardo nachweislich seit 1490 persönlich kannte. Bei Vitruv taucht die Beschreibung des Mannes im Kreis und Quadrat nicht isoliert auf, sondern innerhalb der *Zehn Bücher über die Architektur*. Darin gebraucht Vitruv den Menschen als Maßstab für die Symmetrien und Proportionen von Tempeln. Francesco di Giorgio wiederum hat einen Architektur-Traktat verfaßt, der eine Darstellung von Vitruvs Mann im Quadrat und Kreis anbietet (S. 79). Di Giorgio beschriftet seine Version mit dem entsprechenden Text von Vitruv. Die etwas schlaff dastehende Figur ist im Gegensatz zu Leonardos *Proportionsstudie* nicht achtgliedrig. Der Kreis und das Quadrat, das allem Anschein nach keines ist, wirken wie unbedacht zusammengestellt.

Zöllner bestreitet, daß Leonardos Zeichnung auf Fragen der Architektur eingehe. Er ordnet die Doppelfigur in Leonardos umfangreiche Beschäftigung mit den menschlichen Proportionen ein. Zu diesen anthropometrischen Studien aus den Jahren 1489 bis 1493 gehört unter anderem die Zeichnung Windsor 19132 r (S. 78). Zöllner beobachtet auch den Zeichenstil. Die „ausgeprägte Kontur" und der „unplastische Eindruck" der Figur folgen der Notwendigkeit, die Maße des Körpers wie seiner Teile genau zu veranschaulichen und überprüfbar zu machen. Dagegen seien Kreis und Quadrat eher nebensächlich. Wie Zöllner meint,

70

„... scheint Leonardo in seiner Auseinandersetzung mit Vitruv grundsätzlich die Bedeutung geometrischer Formen weniger wichtig gewesen zu sein als die Genauigkeit der menschlichen Proportionen und ihrer Beziehung zur Metrologie."

Zöllner 1987, S. 80

In einem weiteren Aufsatz (1989) führt Zöllner, überzeugender als Panofsky, jene Proportions- und Bewegungsstudien im *Codex Huygens* auf Ideen Leonardos zurück. Die erste Stelle im Abbildungsmaterial des Aufsatzes gebührt Leonardos *Proportionsstudie*. Bald danach folgt schon Folio 7 aus dem *Codex Huygens* (S. 88). Aber weiterhin interessiert sich Zöllner nur wenig für die geometrischen Gebilde.

Sigrid Braunfels Esche nennt Leonardos Doppelfigur eine „Schlüsselfigur der Proportionslehre" überhaupt, und zwar gleichermaßen für die Anthropometrie wie für die Bewegungslehre (der Codex Huygens mit Folio 7 wird erneut eingeschaltet) und die Architektur. Diese Allgemeingültigkeit komme der Zeichnung wegen bestimmter „kosmologischer Aspekte" zu, die ihren Ursprung in Platons Weltschöpfungslehre des *Timaios* haben. Den wichtigsten kosmologischen Gesichtspunkt sieht Braunfels Esche in der zeitgenössischen Vorstellung, der Mensch als Mikrokosmos bilde die Entsprechung zum Makrokosmos - zur ganzen Welt und ihren Gesetzen:

„So gewahrte Leonardo, während er Proportions- und Bewegungsgesetze am menschlichen Körper unter allen nur möglichen Aspekten untersuchte, durchdachte und veranschaulichte, eine Verwandtschaft unseres Leibes mit Bewegungsgestalten, die von kosmischen Körpern ins All geschrieben werden."

Braunfels Esche 1994, S. 57

Das Quadrat, sicherlich keine Grundform der Planetenbahnen, scheint für Braunfels Esche weniger wichtig zu sein. Diesen Eindruck weckt auch ihr Artikel über die *Human proportions* im derzeit umfangreichsten Lexikon der Kunst - *The Dictionary of Art* (1996). Hier bleibt das Quadrat völlig unerwähnt, während die Bedeutung des Kreises mit Bezügen zum Florentiner Neo-Platonismus begründet wird, weil der Kreis dort schließlich als Symbol für den Kosmos galt. Mit ähnlichen Gedanken könnte auch das Quadrat kosmologisch als Zeichen für die vier Himmelsrichtungen oder Elemente ausgelegt werden, d.h. wenn Leonardo wollte, konnte er die Welt mit Kreis und Quadrat verständlich symbolisieren. Die Behauptung, daß er diese Symbolsprache bei der *Proportionsstudie nach Vitruv* benutzt, bleibt jedoch reine Mutmaßung, solange kein Beweis dafür beigebracht wird. Und diesen bleiben die Aufsätze von Braunfels Esche schuldig. Indessen befreit sich ihre Deutung von jedweder mathematischen Überlegung, indem sie ihre Thesen durch die romantische Vorstellung vom rein intuitiven Genie verwässert:

„Die kosmologischen Aspekte der menschlichen Bewegung erfaßte sein [Leonardos] intuitives, nicht sein analysierendes Vermögen."

Braunfels Esche 1994, S. 63

Der aktuelle Forschungsstand ist kontrovers, ja sogar rückschrittlich. Panofsky schweift von der Anthropometrie und Bewegungslehre zur Kosmologie. Osts Ansatz knüpft Verbindungen zur Malerei, speziell zum Figurenstil. Kemp bezieht die Proportionsstudie auf die Architekturtheorie. Zöllner sieht in ihr Besonderheiten der Metrologie. Und Braunfels Esche kommt eigentlich keinen Schritt weiter als ihre Vorgänger. Drei der fünf Ansätze entsprechen auch den bisherigen Überlegungen, welchem Zweck Leonardo seine *Proportionsstudie* zugedacht haben könnte. Heydenreich (1949) hält sie für eine Illustration zu Leonardos unvollendetem Lehrbuch über die Malerei. Meller (1983) schlägt dagegen vor, sie als Schaubild für den von Leonardo geplanten Architekturtraktat anzusehen. In eine dritte Abhandlung Leonardos, die ebenfalls nie in Druck ging, ordnet Panofsky (1940) die Zeichnung ein. Ihm zufolge gehöre sie letztlich zu Leonardos Aufzeichnungen zur menschlichen Bewegung.

Aber keiner der Autoren versucht, die Zeichnung mathematisch oder geometrisch zu deuten, obschon die geometrische Einrahmung der Figur so einzigartig und klar ist. Nicht einmal die Proportionierung des Quadrats und des Kreises wurde bisher genau erhoben. Darüber hinaus verwundert es, daß weder die kunsthistorische noch die mathematikgeschichtliche Forschung sich jemals mit der Frage auseinandergesetzt hat, ob die Zeichnung etwas mit der Quadratur des Kreises zu tun haben könnte. Übersehen wurden sowohl Leonardos Bemerkungen über die Kreisquadratur als auch die mathematisierte Kunsttheorie, die Leonardo eingangs seines Malerei-Traktats unterbreitet. Sogar gegenüber der *Proportionsstudie nach Vitruv* war die Aufmerksamkeit anscheinend nicht viel höher. Weder die anthropometrische Sichtweise noch die architekturtheoretische oder die kosmologische Sichtweise haben bei der *Proportionsstudie* den leicht denkbaren, zum Quadrat flächengleichen Kreis angenommen. Dabei laden die waagerechten Mittelfinger der Figur förmlich dazu ein, auch sie - wie die beiden höheren Hände - mit einem Kreis zu umgeben.

Die Geometrie liefert die eine Grundlage der Doppelfigur, eine zweite bildet der spiegelschriftliche Text ober- und unterhalb der geometrischen Rahmung. In diesem Text gibt Leonardo mit einigen Änderungen und Ergänzungen wieder, welche Maßangaben Vitruv für die Proportionen des „wohlgeformten Menschen" veranschlagt. Seine Maßverhältnisse zwischen den Körperteilen und dem Ganzen werden in Brüchen angegeben. Der Text auf der Zeichnung läßt sich nach inhaltlichen Gesichtspunkten in drei Abschnitte teilen. Er beginnt mit der Angabe der Quelle:

„Vitruv der Architekt sagt in seinem Werk über die Architektur, daß die Maße des Menschen in der folgenden Weise ausgelegt seien: es bilden nämlich 4 Finger eine Handbreite, 4 Handbreiten einen Fuß und 6 Handbreiten eine Elle. Vier Ellen ergeben einen Klafter und 24 Handbreiten die Länge eines Mannes; und diese Maßverhältnisse finden sich auch in seinen Gebäuden."

Leonardo da Vinci, Proportionsstudie nach Vitruv, um 1492

Bis hierher hat Leonardo Vitruv noch nicht direkt zitiert. Er schickt zunächst voraus, wie Vitruv die menschlichen Proportionen einteilt, und merkt an, daß dieser die menschlichen Maßverhältnisse auf Gebäude anwendet. Leonardo geht jedoch nicht näher darauf ein, daß Vitruv seine Theorie dort einführt, wo er die Symmetrien von Tempeln bespricht.

In der folgenden Passage konkretisiert sich das Verhältnis von Text und Bild. Die Zeichnung entspricht genau dem, was Leonardo in Anlehnung an Vitruv schreibt. Währenddessen treten aber auch drei Neuheiten gegenüber Vitruvs Text auf:

„Wenn du die Beine soweit spreizt, daß sich die Größe gemessen vom Kopf, um 1/14 vermindert, und wenn du die Arme soweit öffnest und erhebst, daß du mit den Mittelfingern die Linie auf der Höhe deines Scheitels berührst, dann weißt du, daß das Zentrum der äußersten Punkte der ausgestreckten Gliedmaßen der Nabel und daß der Raum zwischen den Beinen ein gleichseitiges Dreieck ist."

Leonardo da Vinci, Proportionsstudie nach Vitruv, um 1492

Hiermit beschreibt Leonardo das, was man bei der Figur als Kippbild wahrnimmt: zum einen den *homo ad circulum*, der wie in einem Rhönrad steht, zum anderen den *homo ad quadratum*. Aber Leonardos Beschreibung unterscheidet sich von Vitruvs Vorgaben. Diese lauten:

> „Liegt nämlich ein Mensch mit gespreizten Armen und Beinen auf dem Rücken, und setzt man die Zirkelspitze an der Stelle des Nabels ein und schlägt einen Kreis, dann werden von dem Kreis die Fingerspitzen beider Hände und die Zehenspitzen berührt. Ebenso wie sich am Körper ein Kreis ergibt, wird sich auch die Figur des Quadrats an ihm finden. Wenn man nämlich von den Fußsohlen bis zum Scheitel Maß nimmt und wendet dieses Maß auf die ausgestreckten Hände an, so wird sich die gleiche Breite und Höhe ergeben, wie bei Flächen, die nach dem Winkelmaß quadratisch angelegt sind."
>
> Vitruv, Die Zehn Bücher der Architektur, 3. Buch, 1. Kapitel,
> in der Übersetzung von Fensterbusch 1991

Weder das 1/14 noch das gleichseitige Dreieck wird von Vitruv gefordert. Ebenso wenig legt Vitruv fest, daß die erhobenen Arme mit den Fingerspitzen genau auf die Höhe des Scheitels gelangen müssen. Diese Aspekte ergänzt Leonardo. Im Übrigen verpflichten Vitruvs Worte keineswegs dazu, beide Körperhaltungen als Doppelfigur bzw. beide geometrischen Formen in einer Zeichnung zu vereinen, wie Leonardo dies getan hat. Ein Blick in Cesare Cesarianos Virtuv-Ausgabe von 1521 zeigt, daß Cesariano Vitruvs Passage mit zwei Schaubildern illustriert (S. 82, 83), wobei er den *Homo ad circulum* x-förmig wie auf eine Streckbank spannt.

Im dritten Abschnitt seines Textes erläutert Leonardo den Körperbau durch Angaben in Bruchzahlen. Auffallend ist, daß Vitruv diese Angaben anders als Leonardo noch vor den eben zitierten Erklärungen über den Kreis und das Quadrat macht. Dagegen hat Leonardo diese Angaben vorgezogen. Erst dann kommt er zu der Körpereinteilung in Bruchzahlen, wobei anders als bei Vitruv auch 1/7 auftaucht. Besonders wichtig ist die „Höhe der Brust", unter der die Lage der Schlüsselbeine zu verstehen ist, wie aus der Figur hervorgeht:

> „Die ausgestreckte Armspannweite ist soviel wie die Höhe. Vom Haaransatz bis unter das Kinn sei der zehnte Teil der Höhe des Menschen. Von unterhalb des Kinns bis zum Scheitel sei der achte Teil der Höhe

des Menschen. Von der Höhe der Brust bis zum Scheitel sei der sechste Teil des Menschen. Von der Höhe der Brust bis zum Haaransatz sei der siebte Teil des Menschen. Von den Brustwarzen bis zum Scheitel sei der vierte Teil des Menschen. Die größte Breite der Schultern enthält in sich den vierten Teil des Menschen. Die ganze Hand sei der zehnte Teil des Menschen. Das männliche Glied beginnt in der Mitte des Menschen. Der Fuß sei der siebte Teil des Menschen. Von unterhalb des Fußes bis unter das Knie sei der vierte Teil des Menschen. Von unterhalb des Knies bis zum Ursprung des Gliedes sei der vierte Teil des Menschen. Die Teile, die sich zwischen dem Kinn, der Nase, den Augenbrauen und dem Haaransatz befinden sind je ein Drittel des Gesichts - ähnlich der Länge eines Ohres."

Leonardo da Vinci, Proportionsstudie nach Vitruv, um 1492

Die Brüche hat Leonardo nochmals auf einer Skala unterhalb des Quadrats eingezeichnet. Inhaltliche Differenzen zwischen Vitruvs Text und Leonardos Wiedergabe treten zunächst bei dem Bruchteil zwischen der Höhe der Brust bis zum Haaransatz auf. Vitruv sieht hier 1/6 vor, Leonardo aber 1/7, der Bruch, der ansonsten nirgends innerhalb des vitruvianischen Maßsystems auftaucht. Somit ist auch das 1/7 als Maß für den Fuß eine Änderung. Vitruv gibt auch hier 1/6 an. Was den Bereich zwischen Brust und Scheitel betrifft, so kann eine Grafik verdeutlichen, welchen Unterschied Leonardo im Vergleich zum vitruvianischen Kanon sucht (S. 89). Da Vinci legt die Höhe der Brust auf 1/6 (von oben genommen) bzw. 5/6 (von unten eingeteilt) fest. Diese Höhe hat Leonardo durch einen waagerechten Strich deutlich markiert, und in seiner Verlängerung nach links und rechts befinden sich die Mittelfinger, die den flächengleichen Kreis anzeigen.

Bei Vitruv würden die waagerechten Arme, sofern er sie auf der Höhe der Brust sehen wollte, keinen flächengleichen Kreis markieren, denn bei Vitruv liegt die Höhe der Brust niedriger. Sie beträgt von oben abgezogen 1/6 + 1/40. Dieses 1/40 (= 1/8 für den Kopf abzüglich 1/10 für das Gesicht) gilt für den kurzen Teil vom Scheitel bis zum Haaransatz. Bei Leonardos Zeichnung kann dieser Teil nur 1/42 betragen (= 1/6 für die Höhe der Brust bis zum Scheitel abzüglich 1/7 für die Höhe der Brust bis zum Haaransatz). Aber dennoch übernimmt Leonardo von Vitruv die Maße für Kopf (1/8) und Gesicht (1/10) und damit auch das 1/40 für die Schädeldecke. Folglich kann entweder das 1/10 oder das 1/8 oder das 1/7 nicht stimmen. Diese Widersprüchlichkeit in Leonardos System gehorcht seiner Absicht, die Höhe der

Brust in Unterschied zu Vitruv um ein Geringes nach oben zu verlegen. Den daraus folgenden Rechenfehler muß man nicht unbedingt als solchen tadeln. Man kann ihn auch dankbar als unpedantische Lösung für die Festlegung der Brusthöhe und auch der waagerechten Mittelfinger ansehen, die sich somit abermals die Aufmerksamkeit zuziehen. Der Fuß als 1/7 mag das noch unterstreichen.

Während Leonardos Text keine groben Abweichungen zur Zeichnung erzeugt, sondern sie kommentiert, gibt es hingegen weitere erhebliche Unterschiede zu Vitruv, und zwar beim *homo ad circulum*. Hier bestimmt Leonardo genauer als Vitruv, wie weit die Gliedmaßen anzuheben sind, nämlich die Arme auf die Höhe des Scheitels und die Beine, zwischen die ein gleichseitiges Dreieck passen sollte, um 1/14 der Gesamthöhe. Warum besteht Leonardo auf diesen von Vitruv nicht vorgegebenen Details? Meinte Leonardo, daß die Doppelfigur durch diese Zusatze anthropometrisch, kosmologisch oder architektonisch richtiger, oder einfach nur intuitiv formschöner werde? Dies zu bestätigen, dürfte nicht leicht sein. Viel wahrscheinlicher ist, daß diese auffälligen Angaben ähnlich wie die Mittelfinger Signale sind. So ist man auch im Rahmen dieser eigentlich noch vor-mathematischen Interpretation versucht, ein gleichseitiges Dreieck zwischen die gespreizten Beine der Figur einzufügen. Dieses Dreieck mit drei 60°-Winkeln muß erstens, um nicht gegen die Symmetrie der Zeichnung zu verstoßen, mittig über der Quadratgrundseite stehen. Zweitens sollte es mit den natürlichen Auflagepunkten der Füße vereinbar sein. Ein Dreieck, das diese Bedingungen erfüllt, trifft mit der oberen Spitze auf den Mittelpunkt des flächengleichen Kreises. Deshalb läßt sich das nicht-vitruvianische Dreieck als Hinweis auf den flächengleichen Kreis lesen. Daß wir nun gleichzeitig einen gängigen Kreissektor vor uns haben, der nach viermaligem Halbieren 1/96 betragen würde, mag zusätzlich an die archimedische Quadratur erinnern. Auf eine Kreissektorierung läuft das Regelwerk der *Proportionsstudie* jedoch nicht hinaus.

Leonardo fügt dem vitruvianischen Kanon vier Informationen hinzu: die Bruchzahl 1/7, das gleichseitige Dreieck, die Hände auf Scheitelhöhe und die Bruchzahl 1/14. Diese wird im Zusammenhang mit Folio 7 des Codex Huygens verständlicher (S. 88). Die achsensymmetrische, zehngliedrige Figur beschreibt mit den vier Gliedmaßen, die wie bei Leonardos *Proportionsstudie* gespreizt sind, ein Quadrat. Dessen Kantenlänge entspricht nicht der Körperhöhe. Es bezeichnet also anders als das Quadrat bei Leonardo nicht die Maße eines *homo ad quadratum*. Bei Folio 7 beträgt die Kantenlänge des Quadrats soviel wie die Strecke zwischen den Fingern, die es halten. Denkt man sich bei der *Proportionsstudie* ein gleichartiges Quadrat, das nur 13/14 der Körperhöhe besitzt, also um 1/14 vermindert wurde, durchquert dieses die Standfläche der Füße und umschließt die Fingerkuppen an den gespreizten Armen. Folglich bezeichnet dieses Quadrat der Größe 13/14 auch die Schnittpunkte des Kreises auf der Scheitelhöhe. Die Distanz dieser Schnittpunkte zu den benachbarten Ecken des Körperhöhenquadrats müßte nach diesen Angaben theoretisch je 1/28 betragen. Dies wiederum beschreibt die Größe des Kreises. Wir werden darauf zurückkommen.

Über den großen Kreis, der alle gespreizten Gliedmaßen umläuft, könnte man annehmen, daß ihm Leonardo eine frei gewählte Größe gab. Zwar legen da Vincis Zusätze fest, wie weit sich die Zehen und Finger der gespreizten Glieder vom Nabel (Kreismittelpunkt) entfernen, doch diese Zusätze könnten immer noch als Maße angesehen werden, die einer Laune des Künstlers folgen. Was aber, wenn Leonardo die Kreisgröße, d.h. die Proportionierung von Quadrat und Kreis allein dem fraglichen Quadraturregelwerk überlassen hat? Diese Frage darf bald eindeutig bejaht werden. Zuvor schulden wir jedoch noch eine Erklärung dafür, warum Leonardo das, was in seiner *Proportionsstudie* zu finden ist, nicht ausdrücklich auf dem Blatt erläuterte und statt dessen nur soviel klarstellte, wie er für nötig hielt.

Wenn man wie wir bisher nur Anhaltspunkte dafür gesammelt hat, daß Leonardos *Proportionsstudie* ein Beitrag zur Kreisquadratur ist, empfindet man die Zeichnung als Rätsel, das seinen Betrachter auf eine harte Probe stellt. Doch die *Proportionsstudie* leistet mehr. Historisch betrachtet, trägt Leonardos Zeichnung die Merkmale frühneuzeitlicher Embleme. Auch sie drücken sich durch eine Kombination von Wort und Bild aus (S. 90). Embleme sind eine besondere Form der Sinnbildkunst. Über dem Bildteil (pictura) steht ein Motto, unter dem Bild eine Inschrift (inscriptio). Im Zusammenspiel vertiefen die drei Teile eines Emblems die Bedeutung von Weisheiten, Tugenden, Lastern, allgemein menschlichen Verhaltensweisen u.v.m. Die Blütezeit der Emblematik beginnt 1531 mit dem *Emblematum liber* von Andrea Alciati (1492-1550) und reicht bis weit ins 17. Jahrhundert. Um die übliche emblematische Struktur mit dem Aufbau auf Leonardos Blatt zu vergleichen, könnte man sich im Grunde jedes Emblems bedienen. In den zahlreichen Emblembüchern haben wir jedoch ein inhaltlich besonders passendes Beispiel bei Nicolaus Taurrellus (1547-1606) gefunden (S. 90). Es hat nicht direkt mit Mathematik zu tun, aber mit geistiger Beweglichkeit, versinnbildlicht durch den Ball, der, wie das oben stehende Motto sagt, „durch leichtes Berühren bewegt" wird (leviter contacta movetur). Im Bildteil kickt der dargestellte Mann gegen eine von vier Kugeln. Die Inschrift beschreibt zunächst die Szene und deutet dann an, daß sie und das Motto gleichnishaft zu verstehen sind:

„Es gibt manche, deren Sinn leicht auf bestimmte Künste gelenkt werden kann und die das meiste selbständig zu lernen pflegen. Wer du auch bist, der du lernst: lerne dich aus eigener Kraft zu bewegen; denn dies ist nicht nur die Aufgabe des Lehrenden."

Nicolaus Taurrellus, Emblemata physico-etica, Nürnberg 1595,
in der Übersetzung von Henkel/Schöne 1967, S. 1309

Wollen wir die *Proportionsstudie* als Emblem betrachten, um zu erklären, weshalb auf ihr nirgends wörtlich von der Kreisquadratur die Rede ist, dann müßte bei ihr die Grammatik der emblematischen Bildsprache vorzufinden sein. Eine pictura ist vorhanden, ebenso eine inscriptio. Aber anders als bei Emblemen teilt sich die Inschrift in zwei Abschnitte über und unter dem Bild. Der obere Abschnitt, beginnend mit „Vetruvius", widmet sich allein dem *homo ad circulum*. Ein Motto als Überschrift scheint zu fehlen. Allerdings hat Leonardo eine Zeile aus dem Text hervorgehoben: „Die ausgestreckte Armspannweite ist soviel wie die Höhe." Dieser Satz steht mittig unter der Maßkette und nimmt bei weitem nicht die Breite der anderen Zeilen ein. Mit diesem abgesonderten Satz sagt Leonardo, was einen *homo ad quadratum* ausmacht.

Von oben nach unten überschaut, ergibt sich für die Informationsaufnahme folgender Ablauf: *homo ad circulum*, geometrisch-menschliche Konfiguration, *homo ad quadratum* und schließlich die einzelnen Maßverhältnisse. Die Unterbrechung des Textes wird durch den Bildteil gefüllt. Er leitet von einem Textteil zum anderen über, wie auch das illustrierte Regelwerk den Kreis ins Quadrat umwandelt. Wer nach und nach in Leonardos Text die nicht-vitruvianischen Neuheiten bemerkt, wird daraus vielleicht schon schließen, daß Leonardo über Vitruvs Kanon hinausgeht. Wer dann dem Bild den flächengleichen Kreis abgelesen hat, wird die Vorahnung haben, daß hier der „wohlgeformte Mensch" zum natürlichen Sinnbild für die Lösung der Quadratur des Kreises genommen wird.

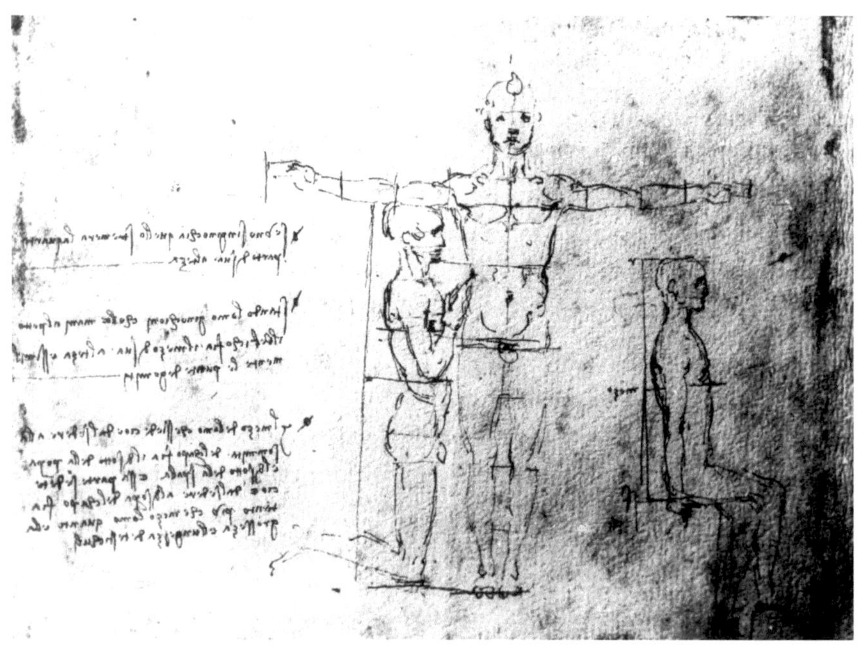

Leonardo da Vinci: Proportionsstudien. Um 1490. Feder, braune Tinte, 15,9 x 20,8 cm. Windsor Castle, Royal Library, Windsor 19132 r (Ausschnitt).

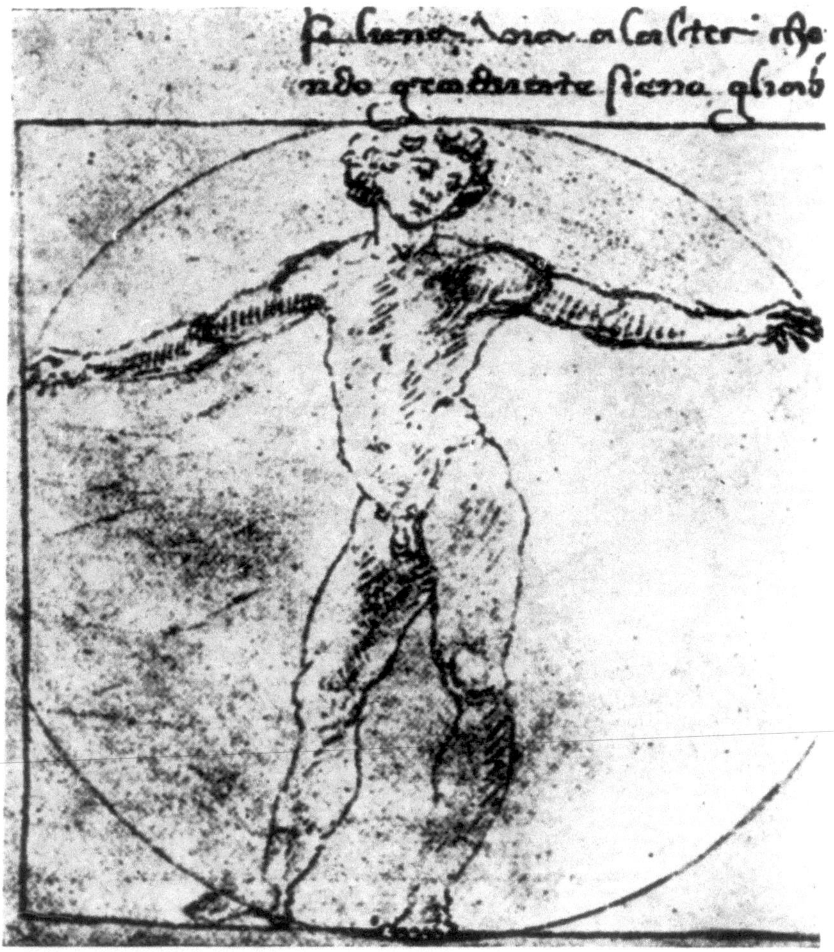

Proportionsstudie nach Vitruv. Um 1490. Feder, braune Tinte. In: *Trattato di architettura de Francesco di Giorgio Martini*. Manuskript. Florenz, Biblioteca Laurenziana.

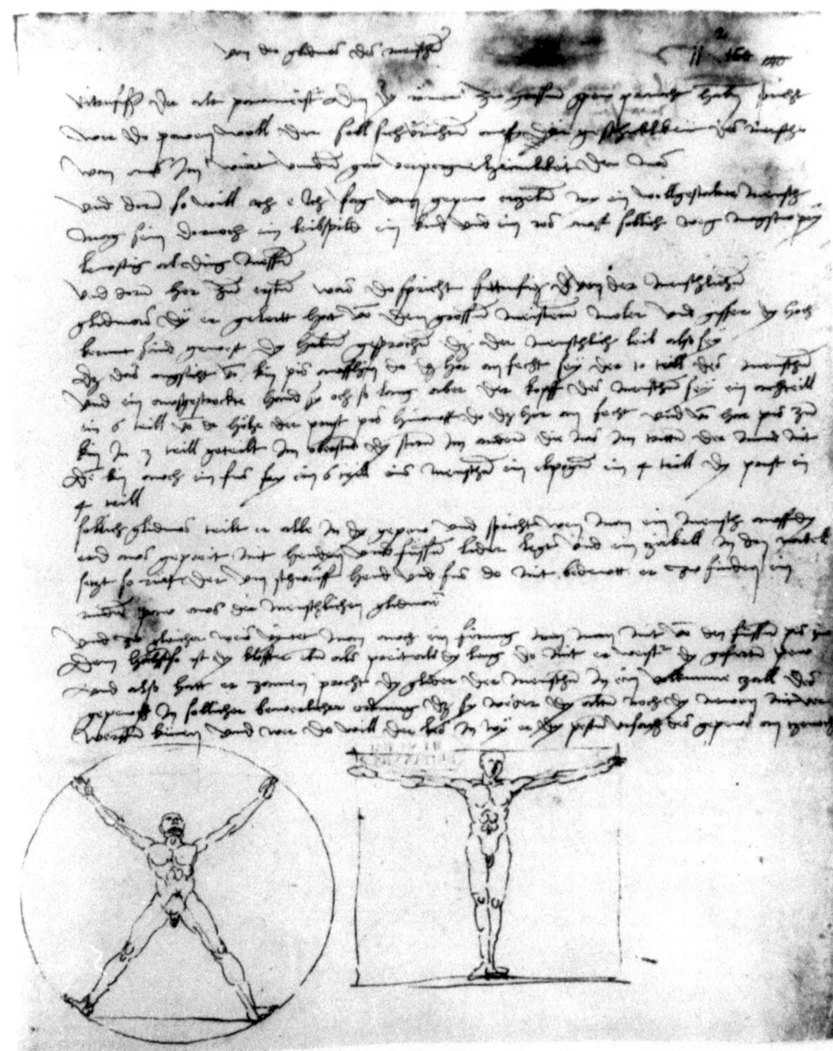

Albrecht Dürer: Proportionsfiguren und Erläuterungen nach Vitruv. 1507. Feder, Tinte, 34 x 24 cm. London, British Museum. Dürer bezieht die „Gliedmoß" des Menschen ausdrücklich auf die Architektur.

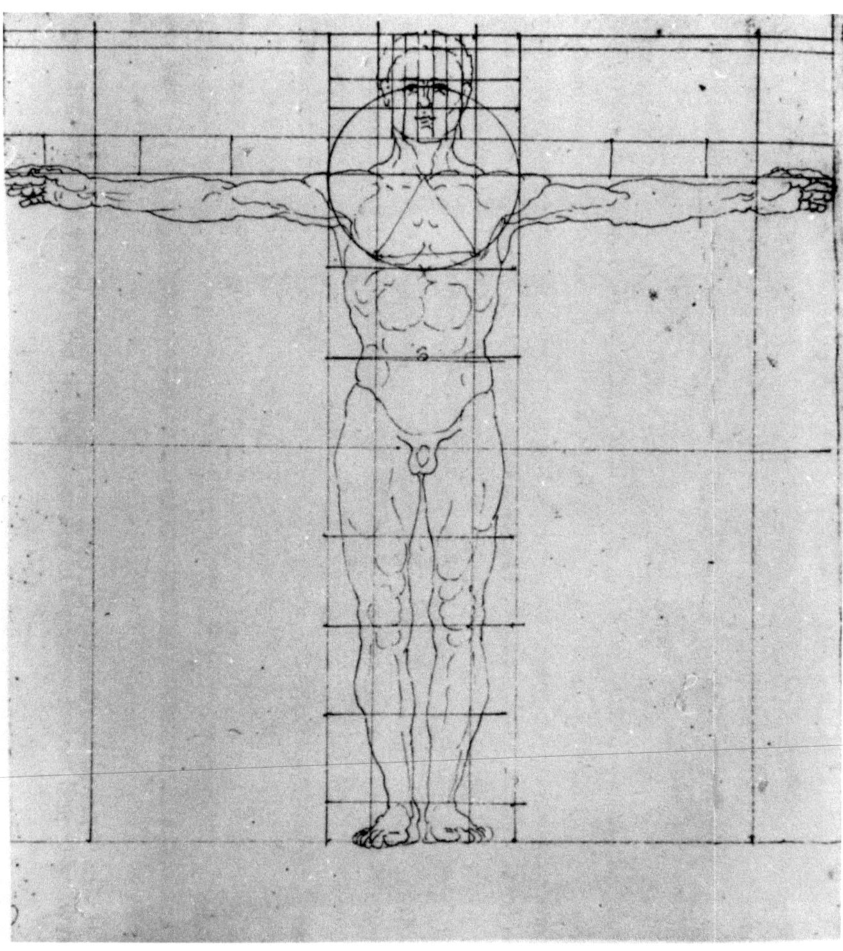

Albrecht Dürer: Homo ad quadratum. 1513. Feder, Tinte, 29,4 x 20,6 cm. Dresden, Sächsische Landesbibliothek.

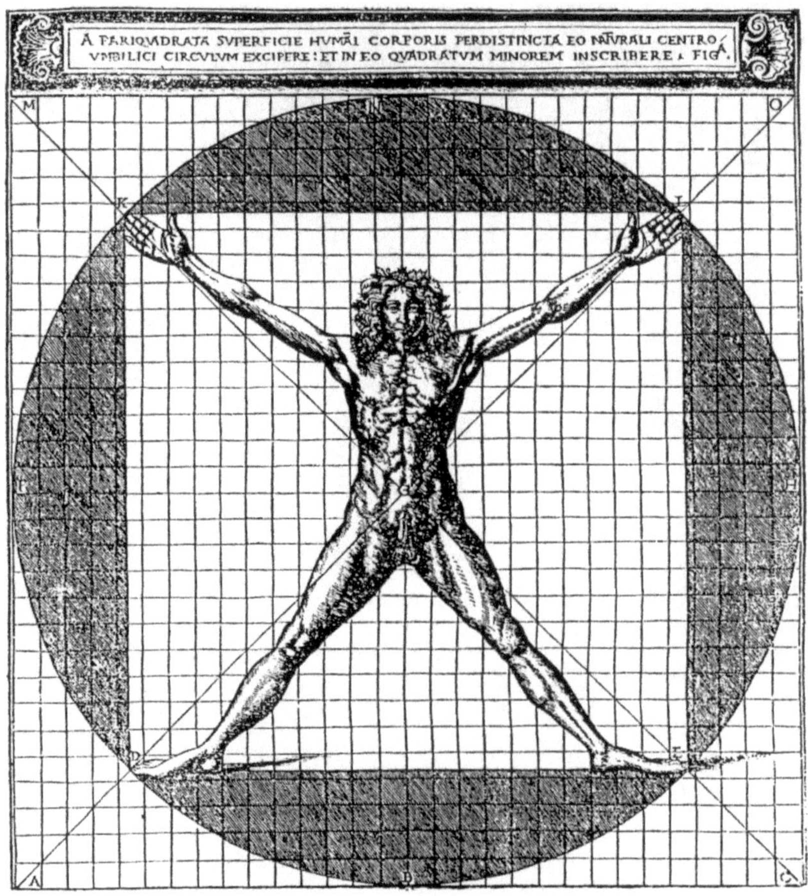

¶ Aduncha si la natura ha cosi cõposito il corpo del homo : Questeslectione si forse altramente le uolesse qualcuno susseno di-
slincle p ordine : como alcuni phisici hano scripto : Ma per le supradicte : si etiam per le psente ratione che Vitruuio qua inseque:
mi pareno asai explicate : Ma considerando che potressemo fare grandissima scriptura in explicare la insequentia de quisti numeri : le quale cose a me pareno facile : & cosi penso debeno essere a tuti li periti de Arithmetica : cum sia apertamente si tracta
per la compositione de li numeri simplici : potere peruenire a formare uno composito de qualũq quantita uoglia si sia : Poi
de epso ut alias supra diximus : per potere epsa quantita diuidere proportionatamente in diuerse portione in le quale si dice con
sisterela symmetria : Et di questo Vitruuio da le exemplo præcipue in li nostri humani corpi trouarse : uel per epso potere perdu-

cere tute le ratione de li numeri & proportione de le symmetrie tanto per potere com
ponere quanto etiam discomponere una in
tegra quantita numerabile : si como in uno
corpo de uno animale : uel de uno homo
cõmensurare ogni membri principali : & in-
tendere le in apparente cose & intermodatio
ne & altre parte como molti phisici hano
descripto : ut puta da uno brazo uno cubito : & dal cubito : la mane : & da epsa li di-

Aduncha si la natura ha cosi composito il corpo del homo si como cõ
le proportione li menbri de epso respondeno a la suma figuratione .
Cum sia li antiqui si uedeno hauer constituito quella : acio che ancho
ra in le perfectione de ciascuni'membri de le opere le figure habiano
a la uniuersa specie la exactione de la cõmensuratione . Aduncha cũ

G ii

Proportionssfigur nach Vitruv. 1521. Holzschnitt. In: Cesare Cesariano: *De Lucio Vitruvio Pollione de Architectura Libri Decem,* Como 1521.

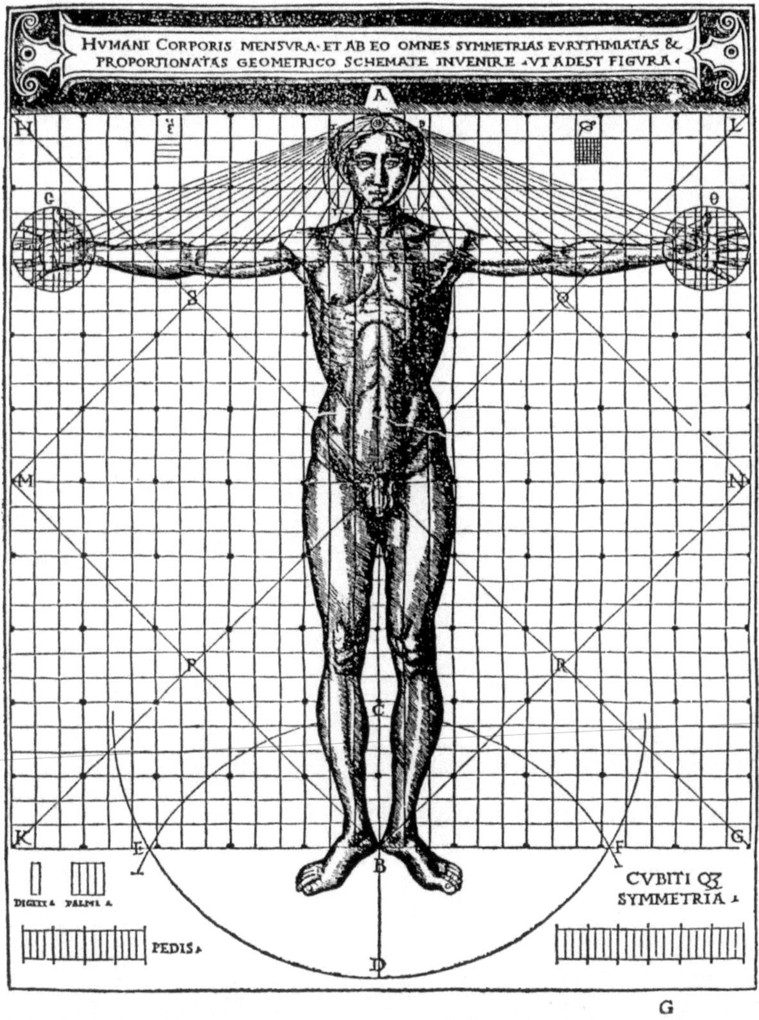

Proportionssfigur nach Vitruv. 1521. Holzschnitt. In: Cesare Cesariano: *De Lucio Vitruvio Pollione de Architectura Libri Decem,* Como 1521.

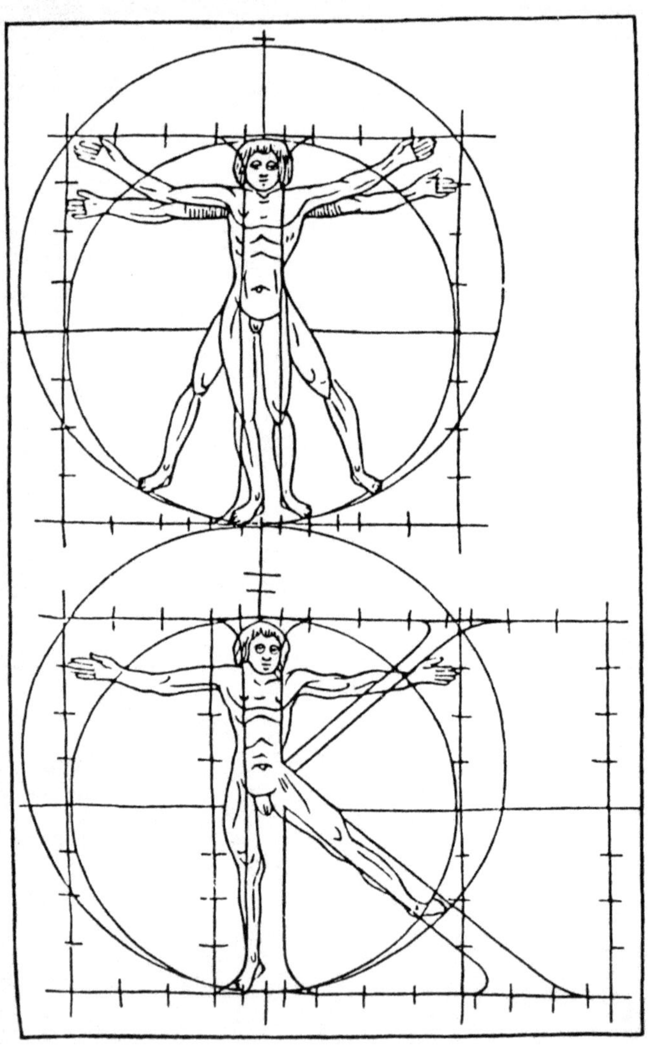

Homo ad quadratum in je zwei Kreisen. 1529. Holzschnitt. In: Gefroy Tory:
Champ Fleury. Paris 1529. Fol. 46 v.

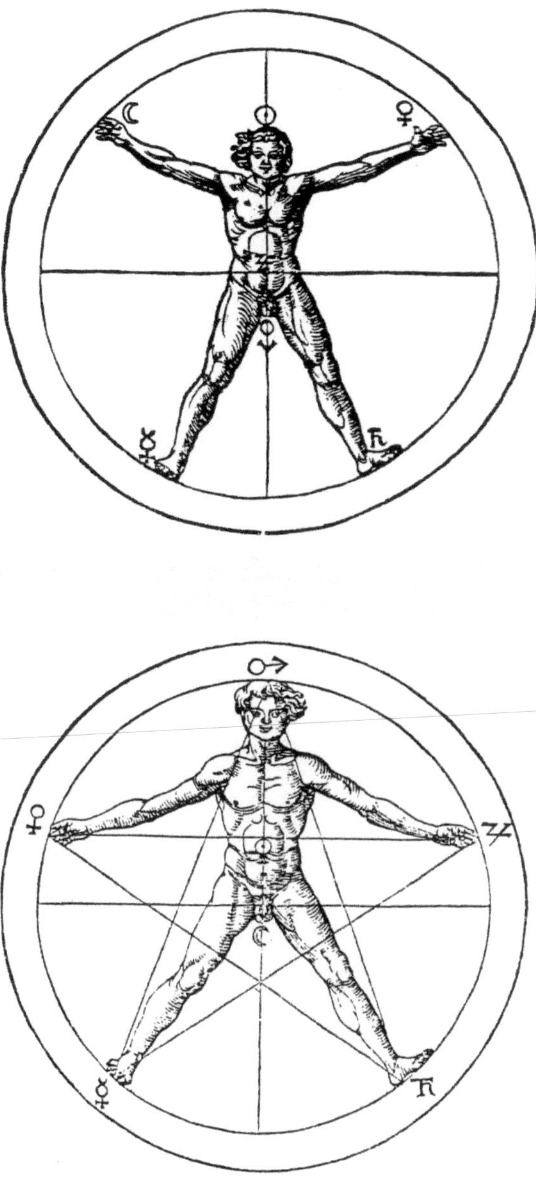

Homini ad circulum. 1533. Holzschnitte. In: Agrippa von Nettesheim: *De occulta philosophia*. Köln 1533. Fol. 165 und 163.

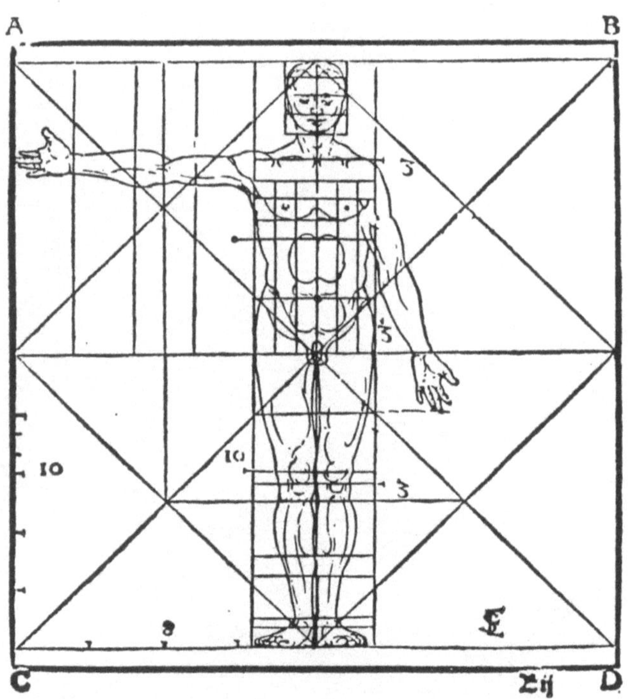

Erhard Schoen: Proportionsfigur. 1540. Holzschnitt, 12 x 11 cm. London, British Museum. In: Erhard Schoen: *Unnderweissung der proporzion unnd der stellung der possen*. Nürnberg 1540 (Bartsch 13, 34j).

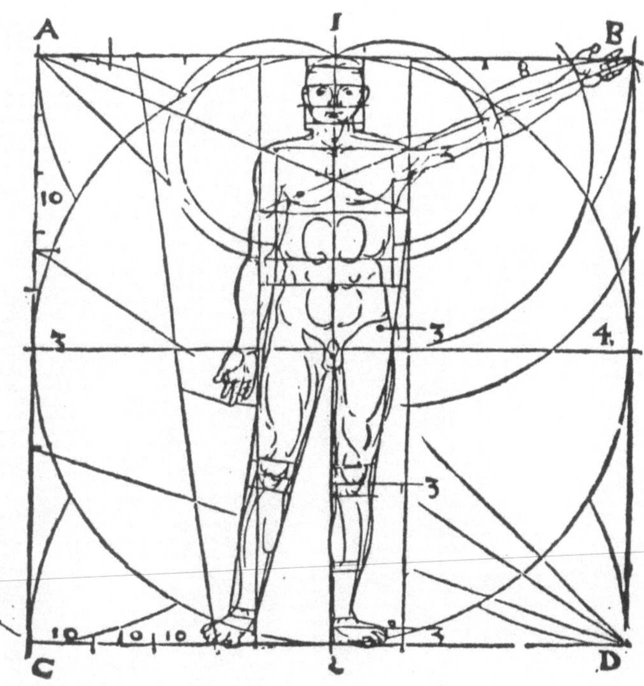

Erhard Schoen: Proportionsfigur in Kreis und Quadrat. 1540. Holzschnitt, 12,6 x 11,1 cm. London, British Museum. In: Erhard Schoen: *Unnderweissung der proporzion unnd der stellung der possen*. Nürnberg 1540 (Bartsch 13, 341).

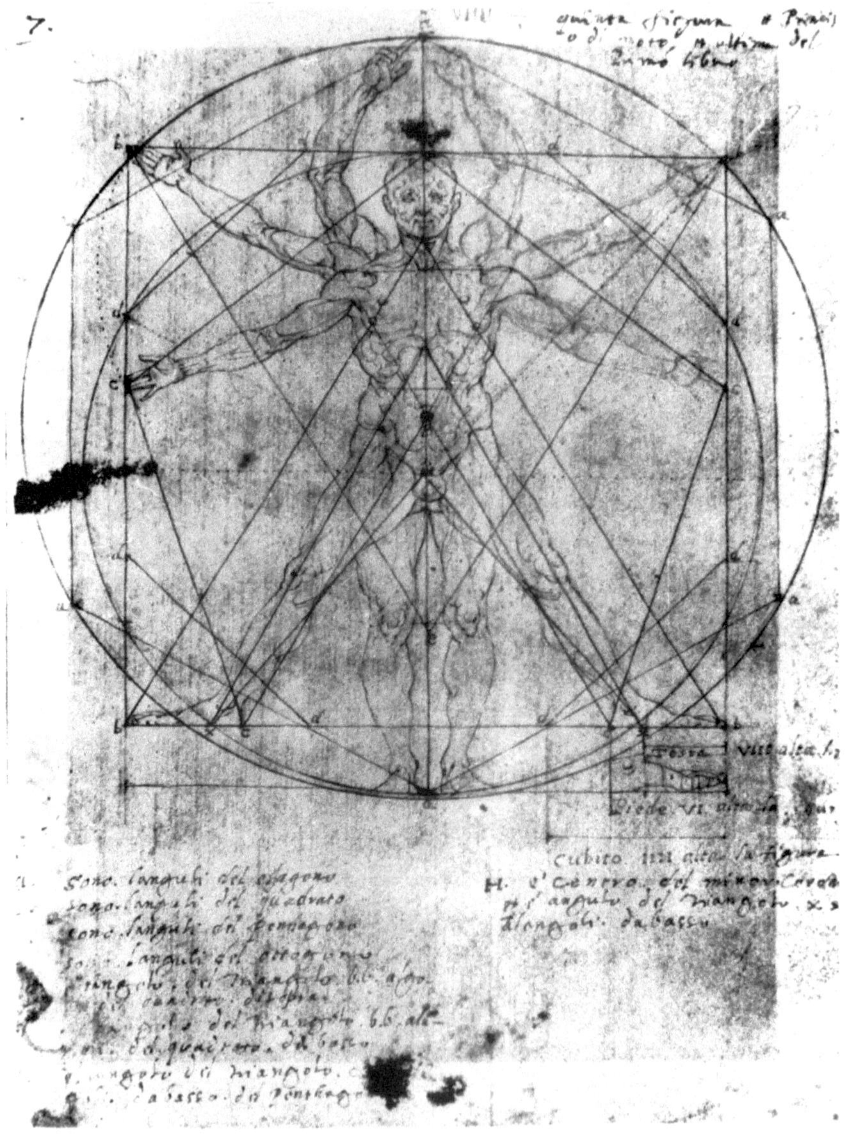

Carlo Urbino: Proportions- und Bewegungsstudie nach Leonardo da Vinci. 1560/70. Feder, braune Tinte, 13,4 x 19 cm. New York, Pierpont Morgan Library, Codex Huygens, Fol. 7.

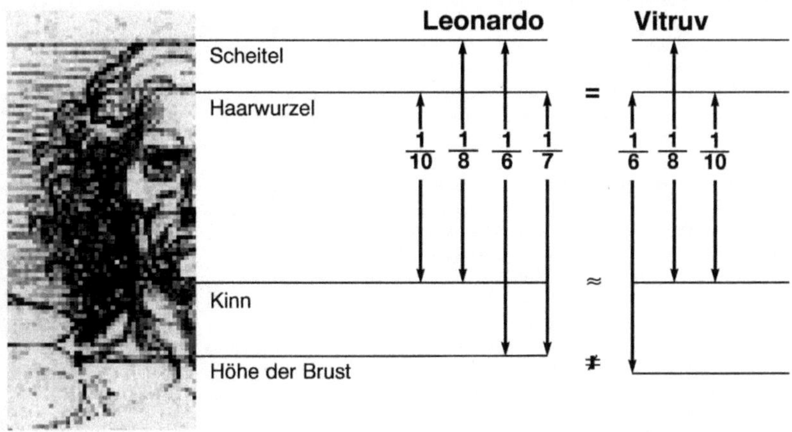

Vergleich: Proportionen im Bereich „Höhe der Brust" bis „Scheitel" bei Leonardos *Proportionsstudie nach Vitruv* und bei Vitruvs Angaben in Buch III der *Zehn Bücher über die Architektur*. Nach Leonardo mißt dieser Bereich nur 1/6, nach Vitruv hingegen 1/6 + 1/40.

LEVITER CONTACTA MOVETUR.

Ad Vitum Gertnerum Noriberg.

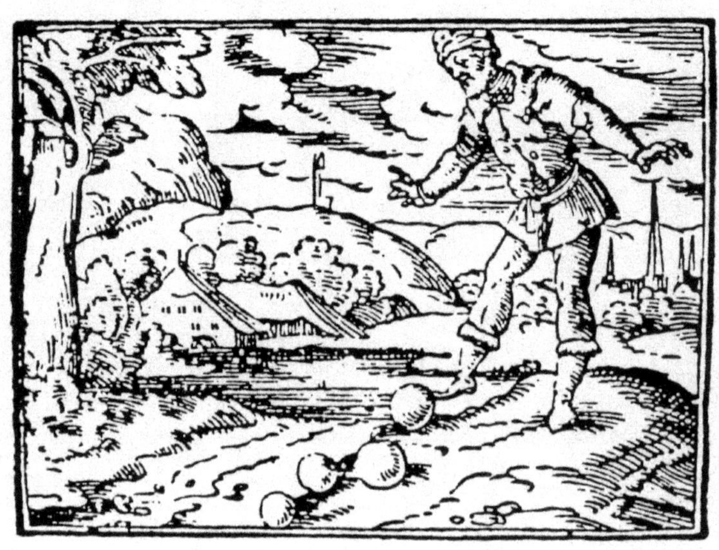

Immotamne vides quae jacet hic pilam?
Haec per se leviter pulsa movebitur:
Et si non moveas amplius: haec tamen
Perget sponte suum perficiens iter.
Sunt quibus ad certas mens est bene mobilis artes:
Plurima qui proprio discere marte solent.
Quisquis es ex te ipso qui discis, disce moveri:
Vnius hoc non est namque docentis opus.

LEVITER CONTACTA MOVETUR (Durch leichtes Berühren wird er bewegt). Holzschnitt. 1595. In: Nicolaus Taurellus: Emblemata physico-etica. Nürnberg 1595. Nachdruck des Textteils: Arthur Henkel/Albrecht Schöne (Hrsg.): *Emblemata. Handbuch zur Sinnbildkunst des XVI. und XVII. Jahrhunderts.* Stuttgart 1967, S. 1310.

6. „ICH ABER QUADRIERE DEN KREIS ..."

Wenn ein Künstler sein Fach als Nachahmung der Natur ansieht, und wenn er ihre „letzten Prinzipien" (vgl. S. 59) mit Begriffen der Mathematik beschreibt, dann gehören für ihn Kunst und Mathematik untrennbar zusammen. Dahingehend hat sich Leonardo mehrfach geäußert. Als Mathematiker beschäftigte ihn nichts eingehender als die Flächenumwandlung, insbesondere die des Kreises. In einer Abhandlung namens *Vom Spiel der Geometrie* plante er, „Regeln für ins Unendliche fortschreitende Verfahren anzugeben" (vgl. S. 10). Zuvor hatte er bereits in einem Vergleich mit Archimedes notiert, daß dieser lediglich Vielecke quadriert hatte (vgl. S. 37).

Die *Proportionsstudie nach Vitruv* signalisiert durch zwei Punkte - die Mittelfinger auf den senkrechten Quadratseiten, durch die ein gedachter Kreisbogen führt - einen zum Quadrat flächengleichen Kreis (S. 105). Die bisherige kunsthistorische und mathematische Forschung hat diesen nur angedeuteten Kreis schlicht übersehen, geschweige denn erkannt, worauf die zurückliegenden Kapitel peu à peu einstimmen: Die *Proportionsstudie nach Vitruv* verbildlicht ein Regelwerk für eine effektive wie schöne Konstruktion zur (annähernden) Quadratur des Kreises mit Zirkel und Lineal (S. 105-111). Überdies war dieses Regelwerk unbekannt geblieben, also durch die Maschen der Mathematikgeschichte gefallen, was insbesondere deshalb geschehen konnte, weil Leonardo das Verfahren auf dem Blatt mit der Doppelfigur nicht offen erklärt, sondern statt dessen sinnbildlich angedeutet hat.

Um das mathematische Regelwerk direkt an der *Proportionsstudie* schlüssig nachzuvollziehen, bedarf es einer Vorgehensweise, die zusätzlich zum Messen und Rechnen von den Begriffen der Geometrie ausgeht und in der Lage ist, im Gegenstand der Untersuchung eine geometrische Aussage zu erkennen. Eine geometrische Aussage ergibt sich aus einer Konstruktion einschließlich dessen, was von ihr als zu beweisendes Ergebnis behauptet wird. Eine Interpretation, die eine mathematische und somit eindeutige Aussage behauptet und prüft, sollte zumindest vier Voraussetzungen erfüllen:

1) Zunächst wird gemessen, was tatsächlich dargestellt ist, d.h. welche Streckenproportionen festzustellen sind. Dabei sind die absoluten Größen (z.B. Längen in Millimetern) nicht von Belang, sondern deren Größenver-

92

hältnisse zueinander. Denn geometrische Aussagen bestehen unabhängig von der physikalischen Größe ihrer zeichnerischen Darstellung. Daher ist es richtig, sobald numerische Angaben zu einer Konstruktion zu machen sind, eine der vorkommenden Strecken in ihrer Länge als 1 festzulegen und fortan alle anderen Strecken im Verhältnis zu diesem Maß auszudrücken.

2) Eine Zeichnung unterliegt den materiellen Unwägbarkeiten des Zeichnens und des Bildträgers. Stärke der Linien und altersbedingter Blattverzug verpflichten dazu, kritisch zu überlegen, was man aus dem Gezeichneten schließen darf, auch wenn es noch so sorgfältig angelegt worden ist.

3) Die Linien der Zeichnung müssen als geometrische Objekte - Gerade, Kreis, Parabel - aufzufassen sein. Ihre physikalischen Maße müssen übersetzbar sein in allgemeingültige Gleichungen. Besonders wichtig sind die Schnittpunkte, da sie die Proportionen der Abschnitte bestimmen, die sie teilen.

4) Letztlich muß auch geprüft werden, ob die Übersetzung des Materiellen ins Mathematische eine sinnvolle, d.h. eine nicht nur zufällige Aussage ergibt.

Die mathematische Untersuchung der *Proportionsstudie* (S. 104) beginnt logischerweise mit der Messung von Proportionen. Leonardo hat sie als Teile des *homo ad quadratum* ausgedrückt und diesem den Wert 1 gegeben. Dies ist auch aus geometrischer Sicht sinnvoll. Nehmen wir also die Kantenlänge(n) des Quadrats als Größe 1. Durch das Zeichnen und wegen des möglichen Blattverzuges fallen die vier Seiten etwas unterschiedlich aus. Deshalb messen wir jede Seite. Die Seitenlänge nennen wir a_1, wie auch das Quadrat von nun an Q_1 heißen soll. Nach der Messung der Seitenlängen und nachdem der aus ihnen gezogene Mittelwert gleich 1 gesetzt worden ist, ergibt sich umgerechnet für

a_1 unten	1.0033764
a_1 rechts	0.9938431
a_1 oben	1.000993
a_1 links	1.0017875
bei Durchschnitt $a_1 = 1$	

Die Zahlen zeigen Abweichungen vom Durchschnittswert um höchstens 0.6%. Das ist erstaunlich wenig für eine 500 Jahre alte Zeichnung. Die Maßkette unterhalb des Quadrats mißt 1.0057597. Somit ist sie zwar länger als jede der Quadratseiten, aber nicht um soviel länger, daß man sie nicht mehr als Übertragung der Quadratseiten auffassen dürfte. Ein ähnlich präzises Bild ergibt sich für den von Leonardo gezeichneten Kreis, den wir im Folgenden als K_2 mit dem Radius r_2 bezeichnen. Der Radius schwankt nur minimal. Im Uhrzeigersinn und in 45°-Schritten gemessen:

r_2 bei 0° 0.6101291
r_2 bei 45° 0.6073486
r_2 bei 90° 0.6077458
r_2 bei 135° 0.6085402
durchschnittl. Radius r_2 = 0.6084409

Die maximale Abweichung des Radius von seinem Durchschnittswert liegt unter 0.3%. Das ist Anlaß genug, auf die Genauigkeit der Zeichnung zu vertrauen und zugleich alle Befürchtungen über eine zu starke altersbedingte Veränderung des Zustandes zu vergessen. Wegen der wenn auch nur geringfügigen Abweichungen wäre es nicht statthaft, die Maße auf mehr als drei Stellen hinter dem Komma anzugeben. Die oben ermittelten Durchschnittswerte a_1 und r_2 werden nun genommen, um die Proportionierung der Kreisfläche $FK_2 = \pi \cdot r_2^2$ zur Quadratfläche $FQ_1 = a_1^2$

$$FK_2 = \pi \cdot 0.608^2 = 1.161$$
$$FQ_1 = 1$$
$$FK_2 : FQ_1 = 1.161$$

Anders gesagt: Der Kreisinhalt beträgt das 1.161-fache des Quadratinhalts. Zu Leonardos Zeit wäre das Flächenverhältnis $FK_2 : FQ_1$ vermutlich mit dem archimedischen $\pi = 22/7$ geprüft worden. Unter Anwendung dieses Näherungswertes verändert sich nicht mehr als ein Tausendstel. Es ergäbe sich ein Verhältnis von 1.162.

Jetzt haben wir das meßbare Maßverhältnis von Kreis und Quadrat bestimmt. Das bedeutet insofern eine Premiere, als bisher noch niemand eine Messung dieses ungleichen Paares unternommen bzw. veröffentlicht hat. Zwar hatten auch andere Autoren festgestellt, daß der Kreisinhalt größer ist als der des Quadrats. Doch hatte bislang niemand Interesse dafür gezeigt, um wieviel der Kreis größer ist. In diesem Zusammenhang wurde auch der Text nicht genau genug verfolgt. Das nicht-vitruvianische 1/14 (vgl. S. 72), mit dem Leonardo den Abstand der oberen Kreisschnittpunkte zu den Quadratecken auf 1/28 festlegte, erlaubt die Berechnung von r_2. Diese ergibt für $r_2 = 0.608$ (auf drei Stellen hinter dem Komma gerundet).

Was wissen wir noch über diesen Kreis und das Quadrat? Hinsichtlich ihrer Anordnung wäre zu sagen, daß der Kreis mittig auf der Quadratgrundseite steht, markiert durch die große Zehe des nach vorn gerichteten Fußes. Noch zwei weitere Punkte der Kreislinie werden von der *Proportionsfigur* hervorgehoben. Sie berührt mit den erhobenen Mittelfingern die obersten Schnittpunkte des Kreises mit dem Quadrat. Die besondere Zusammenstellung von Kreis und Quadrat haben weder Francesco di Giorgio noch Cesariano gewählt (S. 79, 82). Sie setzten den Mittelpunkt des Kreises auf den des Quadrats.

Nehmen wir an, Leonardo hätte diesen Kreis nicht eingezeichnet, dann könnten wir ihn trotzdem anhand der von den Fingern und von der Zehe angezeigten Punkte leicht bestimmen. Dazu verbindet man die drei Punkte zu einem Dreieck und konstruiert die Mittelsenkrechten. Wo sie aufeinandertreffen, geben sie den Mittelpunkt des Kreises an, der die drei Ecken berührt. Bei der *Proportionsfigur* entspricht der Mittelpunkt dem Nabel. Das wissen wir bereits aus Leonardos Vitruv-Wiedergabe auf dem Blatt.

Der beschriebene Kreis ist nicht einfach nur vorhanden, er wird ausdrücklich und, wenn man ihn ergänzen müßte, hinreichend von Fingern, Zehe und Nabel angezeigt. Demnach ist es eine aus der *Proportionsfigur* hervorgehende Frage, ob nicht analog zu jenen Fingerzeigen auch die waagerechten Arme einen Kreis halten, der unter derselben Zehe hindurchläuft (S. 105). Dieser zu ergänzende Kreis soll nun sorgfältig gemessen werden, wozu wir die „Höhe der Brust" benötigen. Leonardo hat sie im Text auf 1/6 (von oben) beziffert und in der Figur deutlich eingezeichnet, ihre Länge aber wird in Leonardos Text nicht genannt. Die Enden dieser Linie auf der „Höhe der Brust" werden durch zwei Punkte betont, während alle anderen waagerechten Linien in der Figur an den Umrissen enden. Verlängert man diese Linie bis zu den Quadratseiten, liegt sie auf den Konturen der Mittelfinger, die den zu ergänzenden Kreis anzeigen, den wir K_1 getauft haben (S. 105, 106). Die Verlängerung der Brustlinie haben wir mit h bezeichnet. Da h auf der Höhe von $5/6 = 0.833$ liegt, müßte sie die Quadratseiten auf der gleichen

Höhe schneiden. Davon weichen die Messergebnisse kaum ab. Die zwei Schnittpunkte von h mit den Quadratseiten nehmen folgende Höhen ein:

rechts $h = 0.826$
links $h = 0.832$
Durchschnitt $h = 0.829$

Mit h kann wiederum der Radius r_1 von K_1 und damit auch dessen Fläche bestimmt werden. Die dazu erforderliche Gleichung lautet $r_1 = (h^2 + 1/4) : (2 \cdot h)$

rechts $r_1 = 0.564$ $FK_1 = 0.999$
links $r_1 = 0.566$ $FK_1 = 1.006$
Durchschnitt $r_1 = 0.565$ $FK_1 = 1.003$

Die Abweichungen beschränken sich abermals auf den Bereich von Tausendsteln. Die durch die Messung bestätigte Gleichheit der Flächen von Q_1 und K_1, kann kaum zufällig sein. Sie ist Teil von Leonardos Idee.

Angesichts des Paares Q_1 und K_1 könnte man den Befund freudig bestaunen und behaupten, daß man die Idee der *Proportionsstudie nach Vitruv* erkannt habe, und sich anderen Dingen zuwenden. Das wäre allerdings voreilig, da die Beziehung zwischen dem flächengleichen Paar und K_2 noch nicht untersucht wurde. Im übrigen läßt K_1 zwar an die Quadratur des Kreises denken, doch sein bloßes Vorhandensein verrät noch kein *Quadraturverfahren* und ergibt noch nicht einmal eine geometrische Aussage. Denn ein flächengleiches Paar für die Gestaltung einer vitruvianischen Figur zu verwenden, ist keine Kunst, sondern lediglich eine gefällige Idee, die übrigens gar nicht einzigartig wäre, weil auch die *homines ad quadratum* von Dürer, Cesariano und Schoen einen zumindest fast flächengleichen Kreis andeuten (S. 81, 83, 86). Denn bei diesen Exemplaren berühren die Finger ebenfalls auf der Höhe von 5/6 die Quadratseiten. Anders verhält es sich auf Folio 7 (S. 88). Dort gibt es ein eingezeichnetes nahezu flächengleiches Paar Kreis und Quadrat. Dies sei hier erwähnt, weil der Codex Huygens zum Nachleben von Leonardos Ideen gehört. Über das flächengleiche Paar auf Folio 7 wie auch über die Möglichkeit, bei Cesariano, Dürer und Schoen flächenäquivalente Kreise zu sehen, gibt es in der bisherigen Forschungsliteratur keine Äußerung.

Q_1 and K_1 aneinander anzugleichen, kann jedoch für Leonardo schon deshalb nicht die ganze Absicht gewesen sein, weil er einen anderen, größeren Kreis eingezeichnet hat und zudem seine *Proportionsfigur* als Doppelfigur darstellt. Folglich wäre nun anzunehmen, daß erst jetzt, nach der Feststellung $FK_1 = FQ_1$, weitere Schritte folgen müssen.

K_1 und K_2 sind Ergebnisse der Armhaltungen. Der Schritt von der einen Armhaltung zur anderen ergibt eine Bewegung. Schön und einfach wäre es, diese Armbewegung auf einen Begriff der Geometrie zu bringen. Dazu braucht man nicht besonders erfinderisch zu sein, sondern nur nachzulesen, was Leonardo zu dieser speziellen Angelegenheit der menschlichen Bewegung schreibt:

> „Es gibt vier hauptsächliche, einfache Pendelbewegungen des Schultergelenks, und zwar wenn der darin eingehängte Arm sich auf- oder abwärts oder nach vorn oder hinten bewegt. Mag man auch meinen, daß solche Bewegungen unendlich seien, doch sofern man die Schulter gegen eine Wand kehren und mit dem Arm einen Kreis anzeichnen wird, werden alle Schulterbewegungen gemacht sein.

Leonardo da Vinci, Codex Urbinas, Fol. 104

Eine der hier als Kreisbahn definierten Bewegungen wird von der Doppelfigur vorgeführt. Noch deutlicher wird diese Kreisbewegung von Folio 7 (S. 88) dargestellt. Auf der linken Seite umläuft die Fingerspitzen eine gepunktete Kreislinie, die, wie im zitierten Abschnitt gefordert, die kreisförmige Armbewegung einzeichnet. Hieraus darf der Rückschluß gezogen werden, daß bei der *Proportionsstudie* gleichartige Armkreise anzunehmen sind. Ein weiterer Blick auf Folio 7 bringt eine zusätzliche Information über K_2. Er läßt sich mit dem großen Kreis auf Folio 7 vergleichen, denn dort kommt die Proportion von Kreisdurchmesser zur Figurenhöhe dem Verhältnis vom Durchmesser des K_2 zu a_1 nahe. Dem entsprechend wird auch auf Folio 7 der große Kreis durch die auf Scheitelhöhe gehobenen Hände gebildet. Dieser Kreis meint das gleiche wie Leonardos K_2.

Wenn wir nun die Armkreise von Folio 7 auf da Vincis Doppelfigur übertragen, brauchen wir zwei Mittelpunkte und die Radien. Folgen wir einfach der Figur und testen die „Höhe der Brust" mit ihren markierten Enden (S. 104). Sie sollen die Mittelpunkte sein. Als Radius nehmen wir auf der linken Seite den Abstand bis zur Quadratseite. Entsprechendes soll auf der rechten Seite geschehen. Da Leonardo keine Längenangabe für die Brustlinie macht, wollen wir sie messen, wobei wir sie d nennen (S. 107). Ihre Länge beträgt 0.128. Die beiden Armkreise nennen wir hk, ihre identischen Radien x. Für diese ergeben sich aus der Messung von d folgende Werte:

$$x = a_1 : 2 - d : 2 = 0.436$$

Bei diesem Radius führen die beiden Kreise hk links wie rechts genau von einem Mittelfinger zum anderen - vom Schnittpunkt des K_1 mit Q_1 zu dem von K_2 und Q_1 (S. 108). Folglich sind die Endpunkte der Brustlinie nicht nur Angelpunkte der Armbewegung, sondern anscheinend auch gleichbedeutend mit den Mittelpunkten zweier Konstruktionskreise zur Proportionierung von K_2. Und erneut gibt es zu Folio 7 (S. 88) eine Parallele. Auch hier treffen der Armkreis und der große Kreis auf der Höhe des Scheitels aufeinander, wenn auch nicht ganz genau auf dieser Höhe, was wohl auf mangelnde Sorgfalt zurückzuführen ist. Denn der große Kreis ist dem Zeichner leicht unter die Standlinie gerutscht.

Ob die Beziehung von hk und K_2 tatsächlich so besteht, wie hier geschildert, wäre durch theoretische Berechnungen zu überprüfen. Zuvor jedoch noch ein kurzer Rückblick. Bis hierher wurden an der *Proportionsstudie* eine Reihe von geometrischen Konstruktionsschritten (S. 105-108) nachvollzogen. Zusammengefaßt waren es diese:

Ergänze zum Quadrat Q_1 einen flächengleichen Kreis K_1, der mittig auf der Quadratgrundseite steht. Verbinde die oberen seitlichen Schnittpunkte von K_1 und Q_1 mit der Strecke h. Bestimme mit Hilfe von d die Mittelpunkte der Konstruktionskreise hk. Nimm den Abstand dieser Mittelpunkte zu den Seiten von Q_1 als Radius für die Kreise hk und führe sie aus. Nimm die beiden äußeren Schnittpunkte der Kreise hk mit der oberen Quadratseite und zu diesen den Mittelpunkt der unteren Quadratseite als drei Punkte auf der Kreisbahn eines Kreises K_2. Lokalisiere seinen Mittelpunkt und führe den Kreis aus.

Diese Konstruktionsanweisung bildet die erste Stufe des Regelwerks, das die *Proportionsstudie nach Vitruv* vorweist. Daß sie dies tatsächlich leistet, ist mathematisch zu überprüfen. Dazu wird die Konstruktionsanweisung in Gleichungen übersetzt. Für diese und weitere Berechnungen wurde eigens ein Anhang eingerichtet, aus dem wir hier nur die Ergebnisse anführen. Entscheidend für die Überprüfung der ersten Stufe ist ihr Resultat, also r_2. Für diesen erhalten wir, wenn wir den gemessenen $x = 0.436$ (Radius der Konstruktionskreise hk) annehmen und K_1 als exakt flächengleich zu Q_1 behandeln, einen Wert von

$$r_2 = 0.6074529$$

Der gemessene Wert für, betrug 0.608 (vgl. S. 93). Die theoretische Berechnung der Fläche FK_2 erbringt folgendes Ergebnis:

$$FK_2 = 1.1592446$$

Auch das weicht nicht weit von den gemessenen $FK_2 = 1.161$ ab (vgl. S. 93). Die Unterschiede zwischen den Meßergebnissen und den theoretischen Berechnungen liegen unterhalb von 2 Tausendsteln, weit weniger, als man es von einer Zeichnung erwarten darf. Da nun die Meßergebnisse mit den Berechnungen fast gleich sind, bestätigen jene die bisherige Vorgehensweise. Und es erweist sich als richtig, K_2 als Folge einer durch die Armbewegung angezeigten Konstruktion zu betrachten.

Das Zwischenergebnis bringt die Gewißheit, daß die Zeichnung eine geometrische Absicht verfolgt. Also setzen wir unser Fragen hartnäckig fort. Welchen Sinn soll es haben, K_2 mittels h und hk aus dem flächengleichen Startpaar zu gewinnen? Eine nicht abwegige Annahme lautet, daß es ein zu K_2 flächengleiches Quadrat Q_2, also insgesamt zwei Paare gibt. Die Symmetrie der von Leonardo eingezeichneten und der hier ergänzten Konstruktionsteile legt nahe Q_2 ebenfalls mittig auf die Grundseite von Q_1 zu stellen (S. 110). Geometrisch sinnvoll wäre diese Ergänzung aber nur dann, wenn sie aus den vorhandenen Elementen heraus konstruiert werden könnte. Dazu fehlt aber noch ein missing link, das dieses Q_2 an das Vorausgegangene koppelt. Tatsächlich ebnet die Zeichnung auch hier den Weg. Es sind die zwei Strahlen, die wir mit g bezeichnen (S. 109). Sie beginnen in den unteren Ecken von Q_1, kreuzen sich im Nabel (Mittelpunkt von K_2) und schneiden oben die Kreisbahn von K_2. Die Höhe dieser Schnittpunkte über der Grundseite bildet das Maß für Q_2. Über die Strahlen g läßt sich des weiteren sagen, daß ihr Verlauf auch von den Armpaaren markiert wird. Dort, wo sich ihre Umrisse kreuzen, kommen punktgenau auch die Strahlen g entlang. Folglich darf man mit Fug und Recht behaupten, daß Leonardo die Stärke der Arme und damit ihre Konturen am Verlauf dieser Strahlen ausgerichtet hat.

Wir haben gesehen, wie aus einem flächengleichen Paar Kreis and Quadrat ein etwas größeres Paar gebildet wurde. Dieser Vorgang würde, wenn er in allgemeine Regeln zu fassen ist, in der Tat eine geometrisch sinnvolle Aussage bedeuten. Das Regelwerk für diese Konstruktion haben wir nach ihrer ersten Stufe anhand von Messungen an der Zeichnung und durch die theoretische Berechnung überprüft. Gleiches steht noch für die zweite Stufe aus. Die Anweisung für die zweite Stufe lautet:

Zeichne zwei Strahlen g, ausgehend von den unteren Ecken von Q_1, durch den Mittelpunkt von K_2. Nimm die Höhe a_2 der oberen Schnittpunkte von g mit K_2 zur unteren Seite von Q_1 als Seitenlänge von Q_2, das mittig auf der Grundseite von Q_1 steht.

Für die Proportionierung der Flächen von K_2 and Q_2 erhält man bei theoretischer Berechnung (s. Anhang), wenn man, wie Leonardo es tun durfte, für Q_1 and K_1 uneingeschränkte Flächengleichheit annimmt:

$FK_2 = 1.1592446$ (vgl. S. 98)
$a_2 = 1.0764609$
$FQ_2 = 1.1587681$
$$FK_2 : FQ_2 = 1.0004112$$

Zu einem annähernd gleichen Schluß kommt die auf Messungen beruhende Berechnung. Hierzu wurde die Höhe a_2 gemessen, in der die Strahlen g den K_2 schneiden:

$FK_2 = 1.161$ (vgl. S. 93)
rechts $a_2 = 1.074$
links $a_2 = 1.082$
Durchschnitt $a_2 = 1.078$
$FQ_2 = 1.162$
$$FK_2 : FQ_2 = 0.999$$

Auch der letzte Schritt - die Konstruktionsanweisung für Q_2 - wird durch den Vergleich von Berechnung und Messung bestätigt. Das Verfahren, das der Zeichnung entnommen wurde, ist nun ein in sich geschlossenes, als geometrische Aussage zu betrachtendes Regelwerk. Aus einem Startpaar

Kreis K_1 und Quadrat Q_1 wird durch das Regelwerk ein etwas größeres K_2 und Q_2 gebildet. Wenn K_1 und Q_1 flächengleich sind, sollen es auch K_2 und Q_2 sein. Ob Leonardo Berechnungen anstellte oder anstellen ließ, um zu prüfen, ob das zweite Paar flächengleich oder nahezu flächengleich ist, bleibt ungewiß. Zu einer solchen Berechnung ist lediglich der Satz des Pythagoras und der Strahlensatz zu beherrschen. Schwieriger und langwierig dagegen war zu Leonardos Zeit das Wurzelziehen auf mehrere Stellen Genauigkeit. Durch einen experimentellen Weg mit Hilfe großer, die Konstruktion nachvollziehender Zeichnungen und daran vorgenommener Messungen kann die Abweichung kaum festgestellt werden. Die Differenz (0.0004112) des Flächenverhältnisses von K_2 und Q_2 vom Idealwert 1 ist geringer als die Abweichungen, die man durch zeichnerisches Konstruieren selbst bei höchster Präzision erhält. Man müßte die Konstruktion auf einer Größe von fast fünf Metern anlegen, damit die Quadratkantenlänge um einen Millimeter vom Idealwert abweicht. Unabhängig davon stellt die Konstruktion zunächst keinen Vorschlag zur Quadratur des Kreises dar, weil sie ein flächengleiches Paar voraussetzt.

Die Feststellung, daß Leonardo in Form der *Proportionsstudie* einen Beitrag zur Geometrie mit stichhaltiger Aussage leistet, geht der Zeichnung bereits jetzt tiefer auf den Grund als sämtliche früheren Ausdeutungen. Und dennoch haben wir uns bisher lediglich ein klares Bild von der Oberfläche gemacht. Darunter noch verbirgt sich der frappierende Zusammenhang zwischen dem sichtbaren Regelwerk und dem eigentlichen Quadraturverfahren. Dieses funktioniert mit den gleichen Konstruktionsschritten, wird aber nicht mit einem flächengleichen, sondern mit einem in bestimmten Grenzen flächenungleichen Paar begonnen. Das daraus neu entstehende Paar ist dann zwar noch kein flächengleiches, es ist aber schon weniger ungleich als das Startpaar (S. 111). Diese günstige Veränderung kann man vorantreiben durch wiederholtes Anwenden der Konstruktion, die dann das jeweils neu erzeugte Paar zum Startpaar nimmt. Das werden wir nachher genauer verfolgen.

Wenn die Konstruktion auf ein ungleiches Startpaar anwendbar sein soll, muß dieses zwei Bedingungen erfüllen: Erstens müssen K_1 und Q_1 zwei seitliche obere Schnittpunkte miteinander eingehen, die man zu der Linie h verbinden kann. Zweitens müssen die Konstruktionskreise hk ausführbar sein, so daß sie Schnittpunkte mit der Oberseite von Q_1 haben (S. 112). Der kleinste mögliche K_1 überragt kaum die Quadratseiten; sein Radius mißt nur wenig mehr als 0.5. Im anderen Extremfall umläuft K_1 (mit $r_1 = 0.625$) die oberen Ecken von Q_1, so daß h und die obere Quadratseite eins sind. Der kleinste und der größte mögliche K_1 werden auf da Vincis mathematischem Bravourstück nirgends angedeutet. Sie haben sich aber anscheinend an einem abgelegeneren Ort in der Welt der Proportionsfiguren niedergelassen, und zwar auf zwei kleinen, weniger wohlgeformten *Proportionsfiguren* (S. 84) in einem Buch von Gefroy Tory (um 1480 - nach 1533). Ihre Kreise stehen mittig auf der Quadratgrundseite; bei dem oberen Exemplar handelt es sich um einen achtgliedrigen Mann nach Art von Leonardos Doppelfigur. Bereits Zöllner (1989) hat diesen Holzschnitt aus Torys *Champ Fleury* mit Leonardo und auch mit dem Codex Huygens in Verbindung gebracht.

Angenommen, wir starten nicht mit einem der extremen Kreise, sondern mit einem Kreis K_1 mit $r_1 = 0.6$, dann beträgt das Flächenverhältnis $FK_1 : FQ_1 = 1.1309734$. Wenn aus diesem Paar ein neues erzeugt wird, beträgt dessen Flächenverhältnis $FK_2 : FQ_2 = 0.9920328$

$r_1 = 0.6$	$r_2 = 0.6223201$
$a_1 = 1$	$a_2 = 1.1074542$
$FK_1 = 1.1309734$	$FK_2 = 1.2166833$
$FQ_1 = 1$	$FQ_2 = 1.2264547$
$FK_1 : FQ_1 = 1.1309734$	$FK_2 : FQ_2 = 0.9920328$

Von der ersten zur zweiten Generation hat sich die Flächenungleichheit sprunghaft verringert. Beim Startpaar lag der Unterschied im Bereich von Zehnteln, beim nachfolgenden Paar beschränkt sich die Abweichung auf Tausendstel. Diese vorteilhafte Veränderung vollzieht sich ebenso zugkräftig, wenn mit den extremen Kreisen gestartet wird:

$r_1 = 0.504$	$r_2 = 0.5069761$
$a_1 = 1$	$a_2 = 0.8679372$
$FK_1 = 0.7980148$	$FK_2 = 0.8074671$
$FQ_1 = 1$	$FQ_2 = 0.753315$
$FK_1 : FQ_1 = 0.7980148$	$FK_2 : FQ_2 = 1.0718851$

$r_1 = 0.625$	$r_2 = 0.625$
$a_1 = 1$	$a_2 = 1.113043$
$FK_1 = 1.2271846$	$FK_2 = 1.2271846$
$FQ_1 = 1$	$FQ_2 = 1.2388648$
$FK_1 : FQ_1 = 1.2271846$	$FK_2 : FQ_2 = 0.9905719$

Es ist nicht ausschlaggebend für den Erfolg des Verfahrens, wie das Startpaar proportioniert wird. Man genießt die Freiheit, ein reguläres Startpaar nach Augenmaß zu bilden. Stets kann am folgenden Paar, während man K_1 und Q_1 nicht mehr benötigt, die Konstruktion wiederholt werden. So entstehen K_3 und Q_3, die dann zu den Eltern von K_4 und Q_4 werden u.s.w. Die wiederholte Anwendung der Konstruktion führt zu einer sogenannten rekursiven Folge von Kreisen und Quadraten. Mit jeder Generation nähert sich das Flächenverhältnis von Kreis und Quadrat einem bestimmten Wert an. Dieser Wert ist $FK : FQ = 1.000373$. Rechnet man Leonardos Verfahren mit dem zeitgemäßen archimedischen $\pi = 22/7$ durch, beträgt der Wert 1.0007756. Damit bewegt sich Leonardos Verfahren auf der Höhe der Zeit. Nicht zu scheuen bräuchte es die Vergleiche mit Archimedes, dessen 96-fache Kreissektorierung nur etwas genauer ausfällt, und Pacioli, der etwas schlechter quadrierte, und erst recht nicht mit Dürer, der weit weniger erreichte:

Archimedes	1.0002175	bei $\pi = 3 + 1137/8069$ (Obergrenze)
	0.9996074	bei $\pi = 3 + 1335/9347$ (Untergrenze)
	0.9995977	bei $\pi = 3 + 1/7$
Pacioli	0.999201	bei $\pi = 3 + 33/229$
Dürer	1.0053096	bei $\pi = 3 + 1/8$

Der Wert von 1.000373, der so nahe am Idealwert 1 liegt, beziffert die hohe Qualität dieser Quadratur, die Leonardos fraglos erfolgreiches wie elegantes Verfahren erbringt. Auf diesen festen Wert treibt das Verfahren das Flächenverhältnis zu. Diese stetige Annäherung an einen Grenzwert wird Konvergenz genannt.

Theoretisch müßte das Verfahren unendlich oft wiederholt werden. Doch bereits bei der fünften Generation weicht das Flächenverhältnis $FK_5 : FQ_5$ nur noch an der fünften Stelle hinter dem Komma vom Wert 1.000373 ab. Das Flächenverhältnis konvergiert also mit einer beträchtlichen Annäherungsgeschwindigkeit. Dieses Konvergenzverhalten zeichnet das Verfahren aus und darf als das eigentliche große Geheimnis in der mathematischen Tiefe dieses Sinnbildes der Kreisquadratur angesehen werden. Als Zeichnung ist Leonardos *Proportionsstudie nach Vitruv* die Darstellung des symmetrischen Regelwerkes, das anhand zweier aufeinander folgender Generationen den Zielzustand des ungemein flüssigen Verfahrens angibt. Diesen Zustand der Konvergenz unterbreitet die Doppelfigur vollkommen zwanglos. Sollte Leonardo mit dieser *Proportionsfigur zur Quadratur des Kreises* auf die Frage geantwortet haben, welche menschlichen Proportionen die idealen sind, lautet die Antwort, daß es solche sind, die als Schöpfung dieses Quadraturverfahrens von demselben geregelt werden.

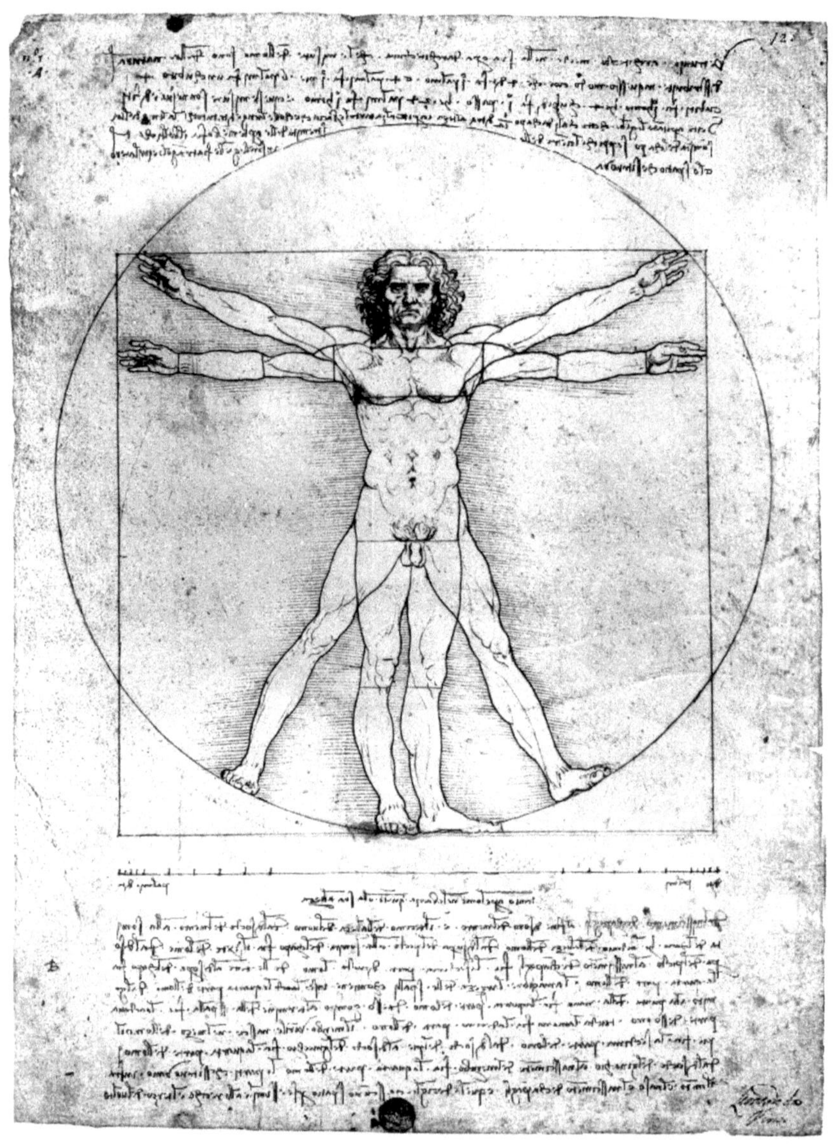

Leonardo da Vinci: Proportionsstudie nach Vitruv. Um 1492. Feder, braune Tinte, Silberstift, 33,4 x 24,5 cm. Venedig, Galleria dell'Accademia.

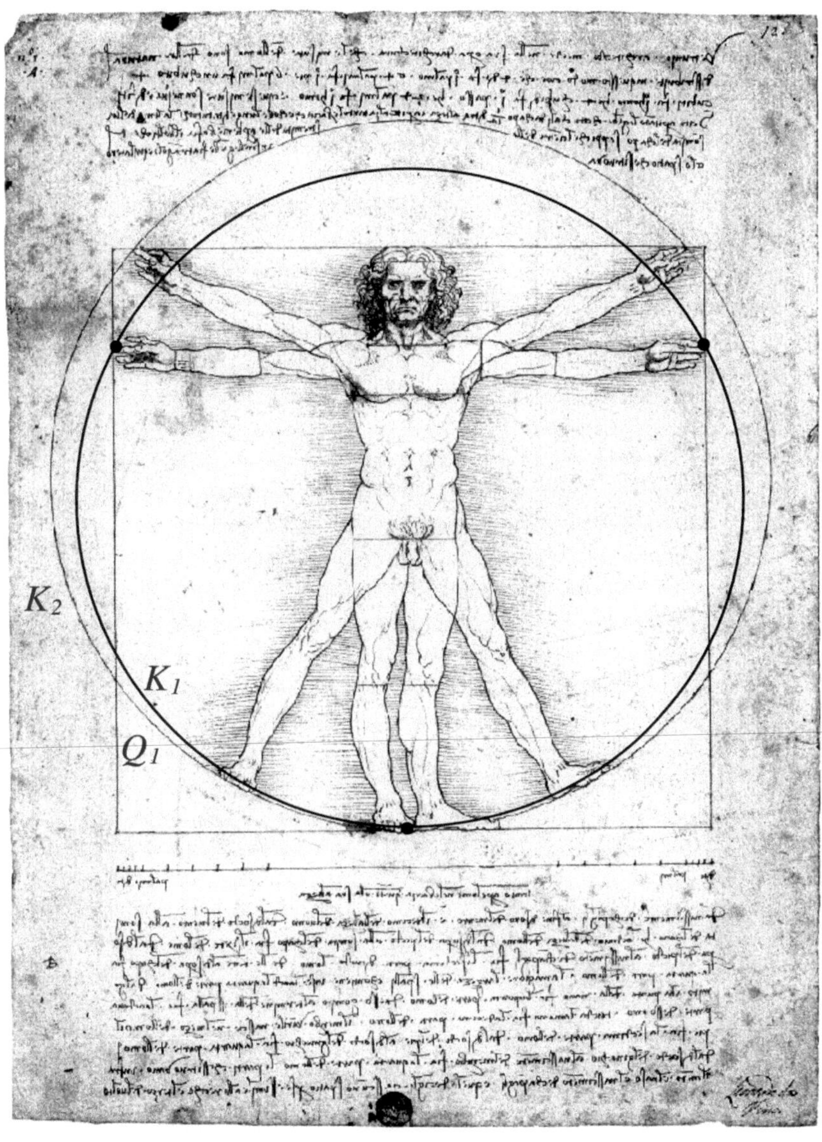

Erster Schritt zum Regelwerk in Leonardos *Proportionsstudie*: Ergänzung des Kreises K_1 an den Mittelfingern der waagerechten Hände. Bezeichnungen des Quadrats Q_1 und des Kreises K_2.

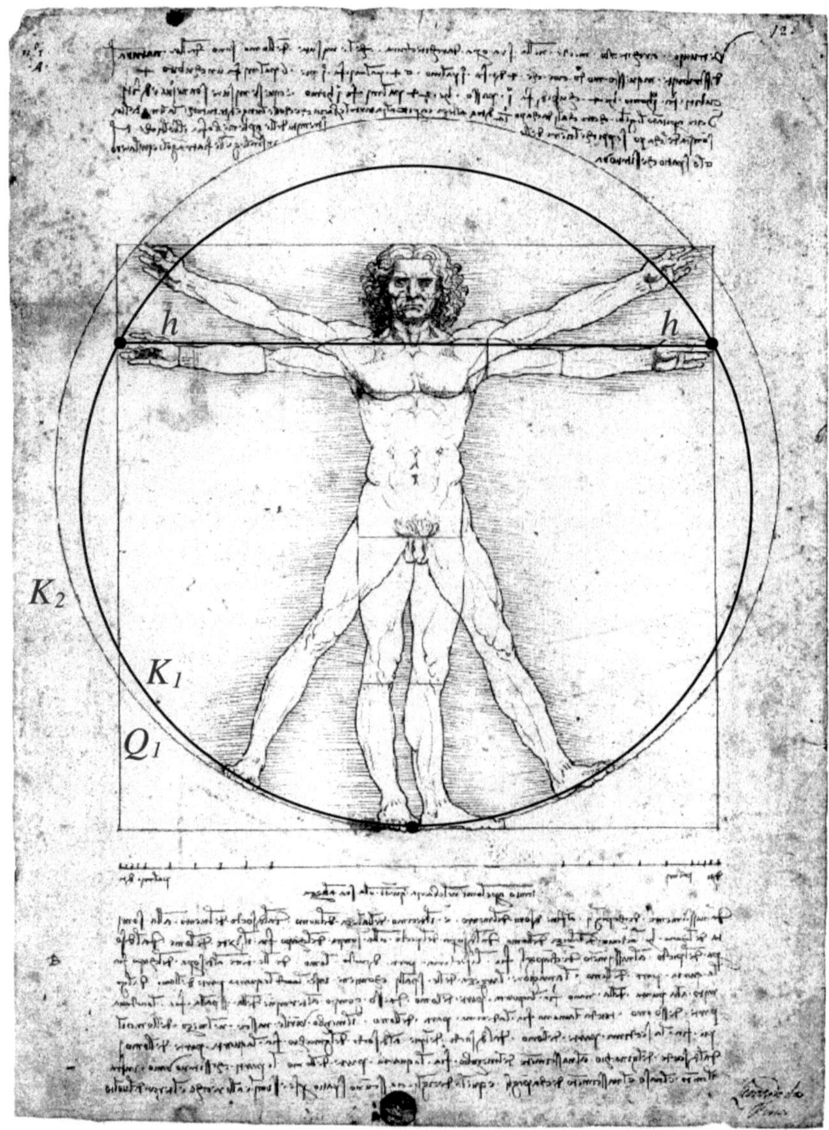

Zweiter Schritt zum Regelwerk in Leonardos *Proportionsstudie*: Ergänzung der Linie *h* auf der „Höhe der Brust".

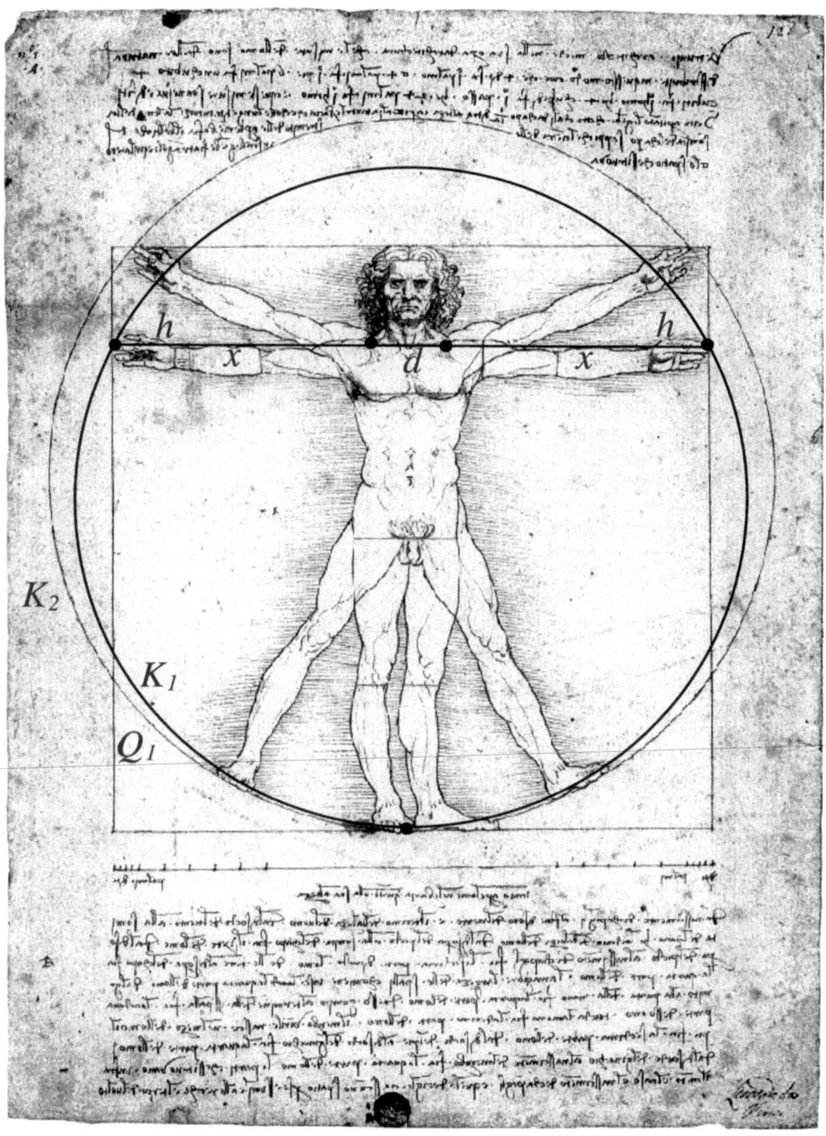

Dritter Schritt zum Regelwerk in Leonardos *Proportionsstudie*: Bezeichnung der Radien *x* und Bezeichnung *d* für die waagerechte Strecke, mit der Leonardo die „Höhe der Brust" markiert

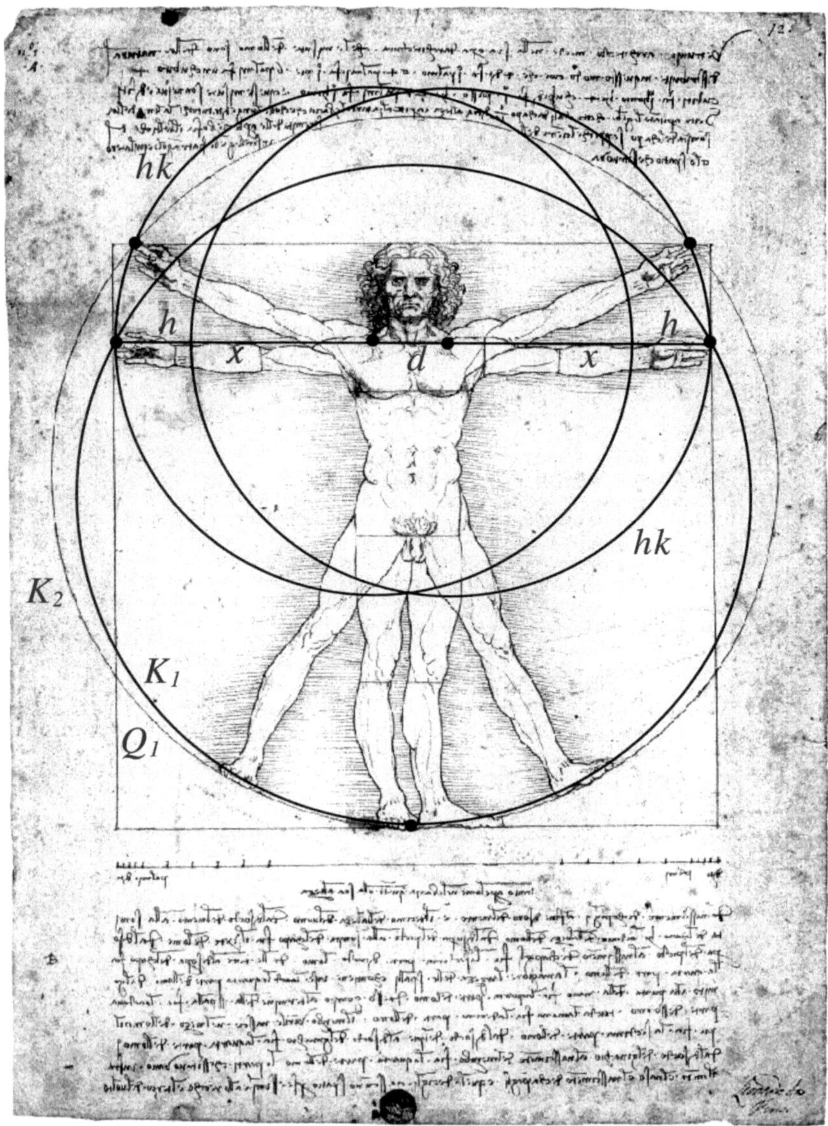

Vierter Schritt zum Regelwerk in Leonardos *Proportionsstudie*: Ergänzung der Armkreise *hk* mit den Radien *x*. Mittelpunkte der *hk* sind die Endpunkte der Strecke *d*.

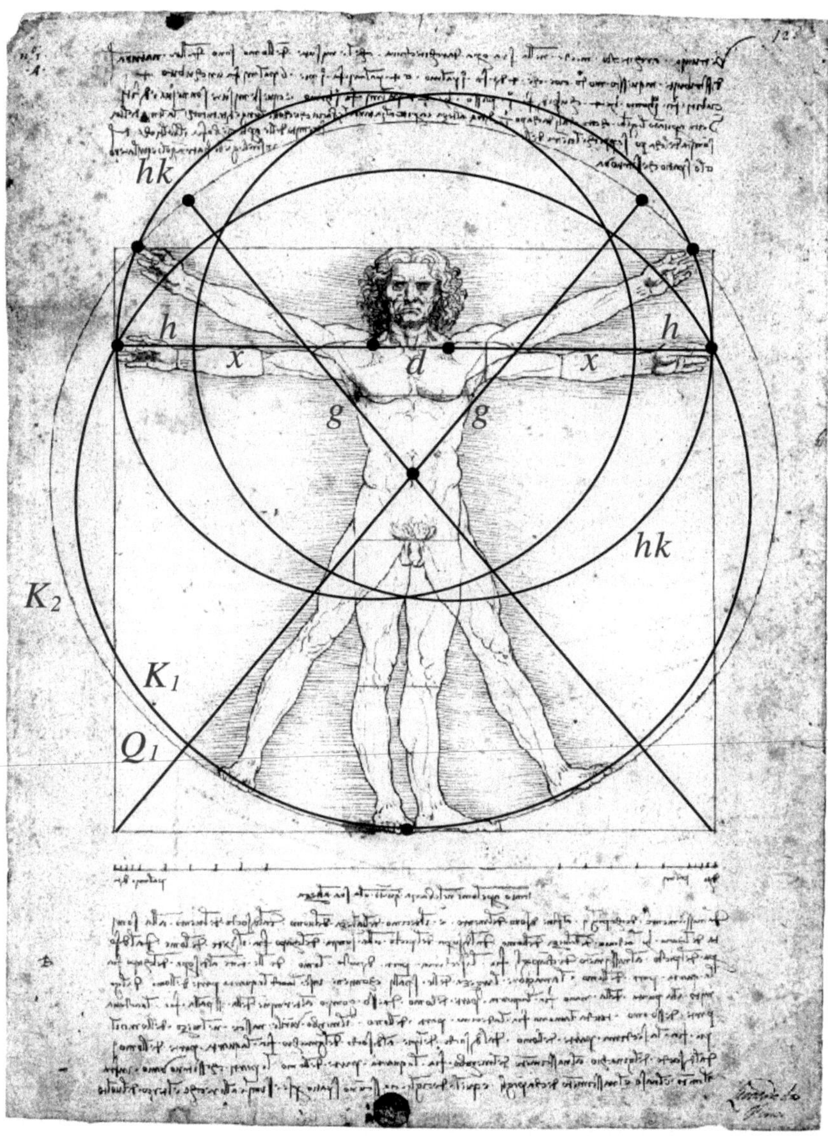

Fünfter Schritt zum Regelwerk in Leonardos *Proportionsstudie*: Ergänzung der Strahlen *g*. Sie kreuzen sich auf dem Nabel.

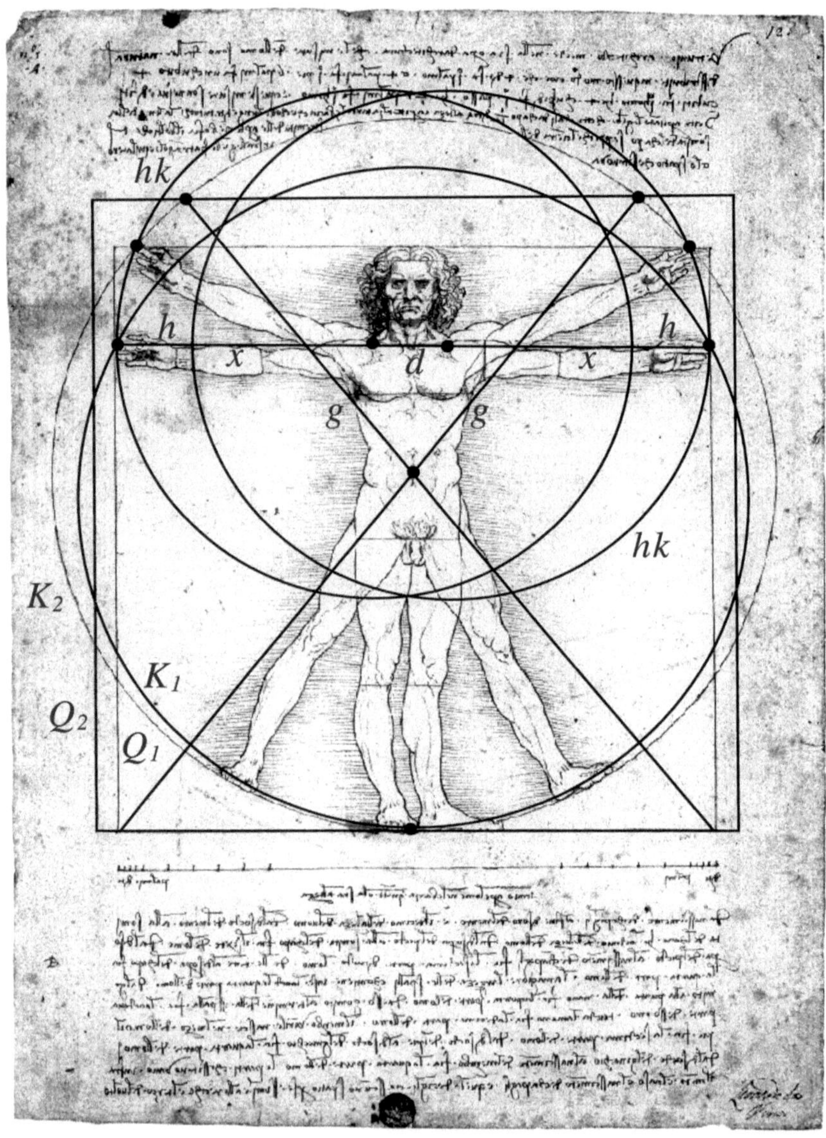

Sechster Schritt zum Regelwerk in Leonardos *Proportionsstudie*: Ergänzung des Quadrats Q_2.

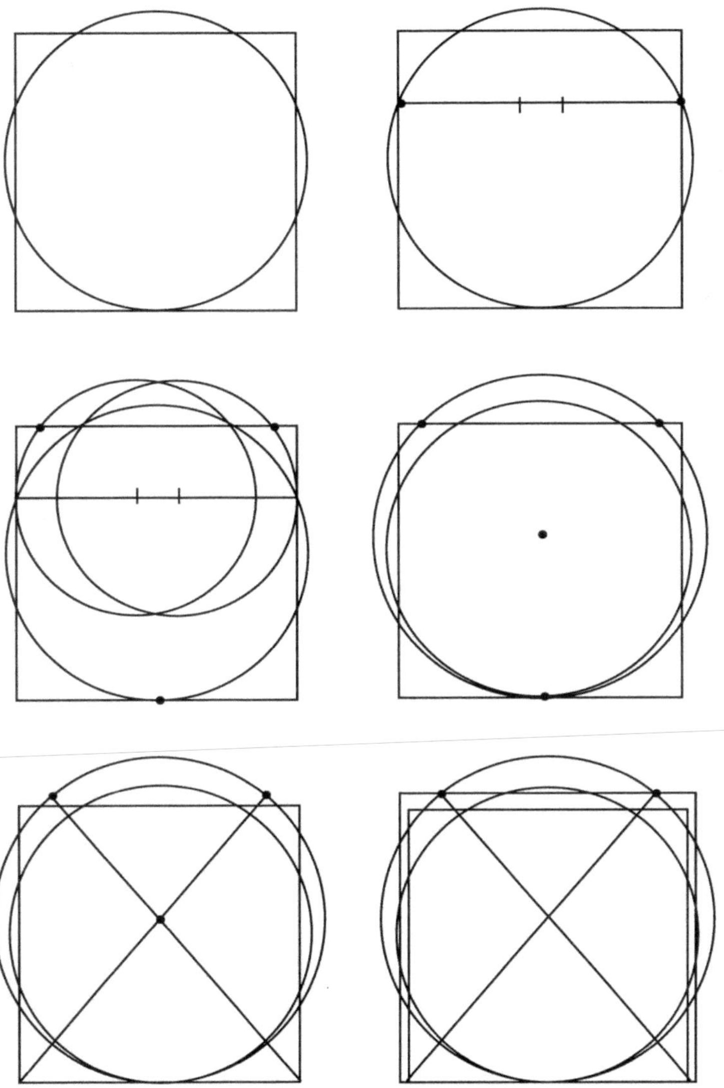

Erste und zweite Generation nach Leonardos Verfahren zur Quadratur des Kreises, entsprechend dem Regelwerk der *Proportionsstudie*. Das Verfahren beginnt
mit einem in bestimmten Grenzen flächenungleichen Paar und erzeugt im sechs-
ten Konstruktionsschritt das nächste Paar.

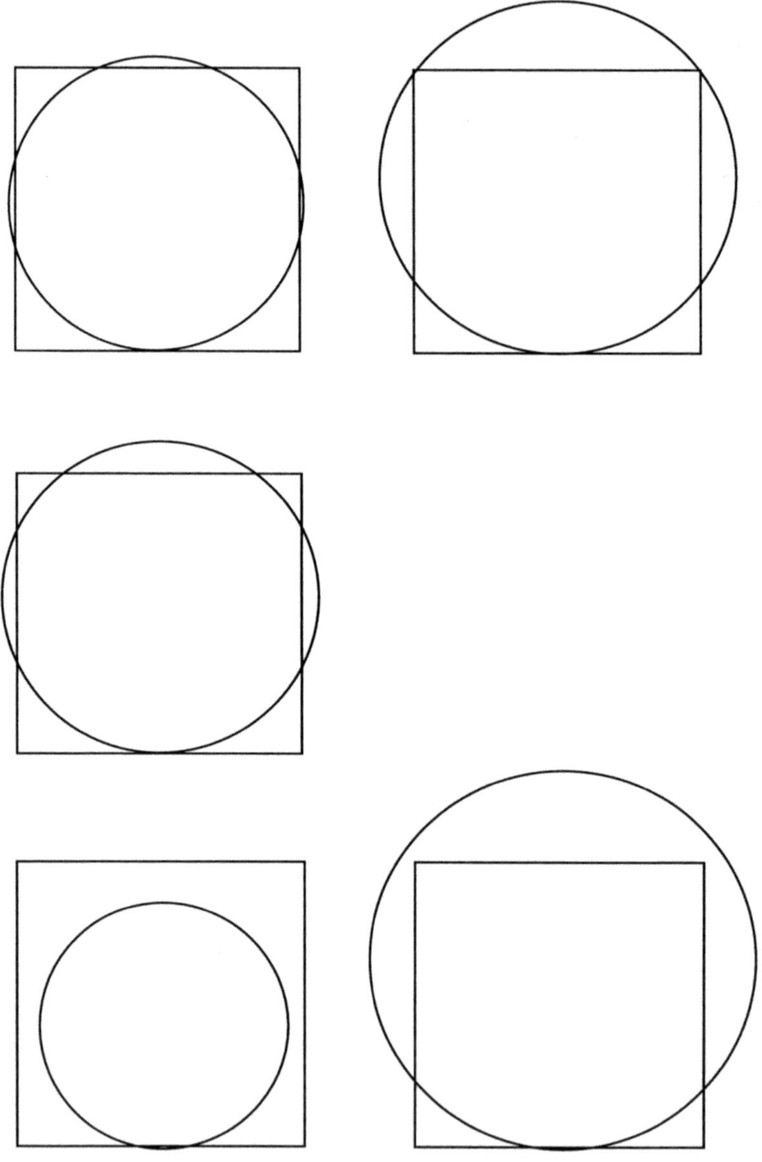

Drei mögliche Startpaare für Leonardos Verfahren zur Quadratur des Kreises und zwei hierfür untaugliche Startpaare.

MATHEMATISCHER ANHANG

1. Modellierung der Konstruktion durch Gleichungen

Zur Berechnung der im laufenden Text aufgeführten Werte wurden Gleichungen verwendet, die sich allein aus dem Satz des Pythagoras und dem Strahlensatz ergeben.

Mit h ist die Höhe der oberen seitlichen Schnittpunkte eines Quadrates Q_1 mit einem Kreis K_1 bezeichnet. Die Größe h entspricht in der *Proportionsstudie nach Vitruv* (S. 104, 105) der Höhe der Mittelfinger (s. Abb. M1).

$$h = r_1 + \sqrt{r_1^{\,2} - \tfrac{1}{4} \cdot a_1^{\,2}}$$

Mit x ist der Radius der Konstruktionskreise *hk* bezeichnet. Der halbe Abstand k zwischen den beiden äußeren Schnittpunkten der Kreise *hk* mit der Oberseite von Q_1 entspricht in da Vincis Zeichnung dem halben Abstand zwischen den Mittelfingern auf der Höhe der Oberseite von Q_1 (s. Abb. M2).

$$k^{\prime} = \sqrt{x^2 - (a_1 - h)^2}$$

$$k = k^{\prime} + x^{\prime} = \sqrt{x^2 - (a_1 - h)^2} + \tfrac{1}{2} \cdot a_1 - x$$

Der Radius r_2 des größeren Kreises K_2, der in Leonardos Zeichnung dem eingezeichneten Kreis entspricht, ergibt sich aus:

$$r_2 = \frac{k^2 + a_1^{\,2}}{2a_1}$$

Die Kantenlänge a_2 des Quadrats Q_2, welches mit den Strahlen g konstruiert wird (s. Abb. M3), ergibt sich aus:

$$m = \sqrt{r_2^{\,2} + \tfrac{1}{4} \cdot a_1^{\,2}}$$

$$a_2 = \frac{r_2 \, (r_2 + m)}{m}$$

Abb. M1

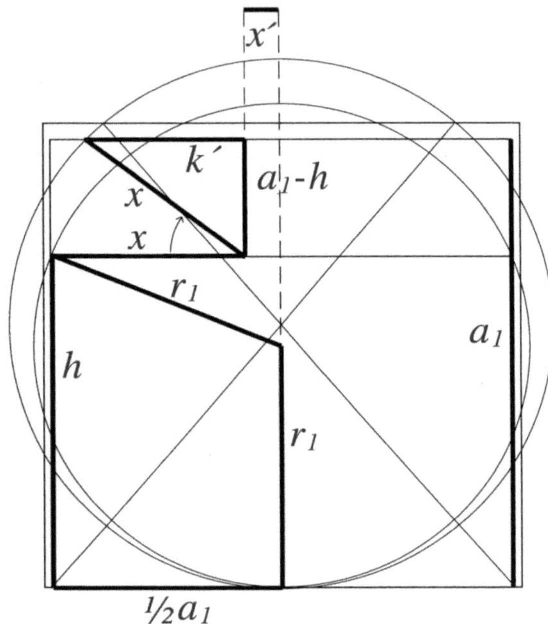

Abb. M2

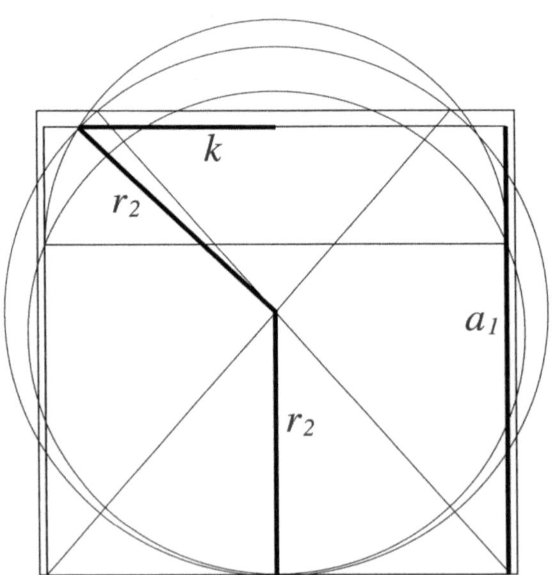

Abb. M3

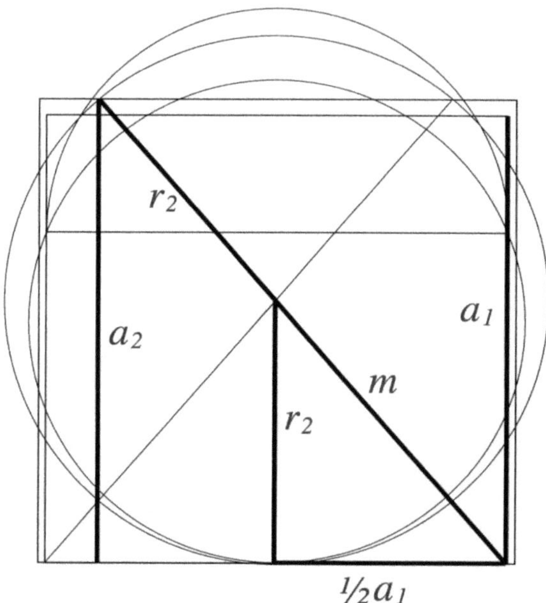

2. Modellierung und Konvergenztests mittels Javascript

Für die Untersuchung von Leonardos Regelwerk zur Erzeugung einer Folge von Kreisen K_i und Quadraten Q_i mit flächenungleichem Startpaar K_1, Q_1 im Sinne der Konvergenz der Flächenverhältnisse empfiehlt sich die Modellierung der Konstruktion durch ein Computerprogramm.

Im Zuge der dieser Arbeit zugrunde liegenden Untersuchungen wurde der geometrische Algorithmus mit verschiedensten Programmen, wie z.B. Excel oder Derive simuliert. Im folgenden wird die Modellierung durch Javascript dargestellt. Diese Programmiersprache weist zwar ab der siebten Nachkommastelle (in diesem Zusammenhang unwesentliche) Ungenauigkeiten auf, erlaubt es aber jedem Leser, der Zugang zu einem Internetbrowser hat, mit dem nachfolgendem Script selbst zu experimentieren. Das Script (Abb. M4) steht unter www.klaus-schroeer.com/downloads/simulation-des-proportionsstudienalgorithmus.html jedem zur Verfügung.

Für die Umsetzung als Computerprogramm wurden alle einfachen Variablen x, h, k und m zu x_i, h_i, k_i und m_i dimensioniert, da sie natürlich in jeder Generation der Folge andere absolute Werte annehmen. Für den Radi-

116

Abb. M4

```
                 simulation-des-proportionsstudienalgorithmus.html
<html><head><title>Simulation des Proportionsstudienalgorithmus</title>

<script type="text/javascript">

var j = 10;    // Definition der zu berechnenden Generationen

var x = new Array();
var a = new Array();
var r = new Array();
var FQ = new Array();
var FK = new Array();
var f = new Array();
var h = new Array();
var k = new Array();
var m = new Array();

a[1] = 1;        // Die Seite des Startquadrates wird als 1 definiert
x[1] = 0.436;  // Definition von x im Verhältnis zur Quadratseite
f[1] = 0.7980148;    // Das Flächenverhältnis des Startpaares wird definiert

r[1] = Math.sqrt(f[1]/Math.PI);

document.write("<dt>Radius der Armkreise hk: x = " + x[1] + "<\/dt>");

for (var i = 1; i < j+1; i++) {

  FK[i] = Math.PI*Math.pow(r[i],2);
  FQ[i] = Math.pow(a[i],2);
  f[i] = FK[i]/FQ[i];

  h[i] = r[i]+Math.sqrt(Math.pow(r[i],2)-Math.pow(.5*a[i],2));
  k[i] = Math.sqrt(Math.pow(x[i],2)-Math.pow(a[i]-h[i],2))+.5*a[i]-x[i];
  r[i+1] = (Math.pow(k[i],2)+Math.pow(a[i],2))/(2*a[i]);
  m[i] = Math.sqrt(Math.pow(r[i+1],2)+Math.pow(.5*a[i],2));
  a[i+1] = r[i+1]*(r[i+1]+m[i])/m[i];

  x[i+1] = x[1]*a[i+1];

  document.write("<dl><dt>Generation " + (i) + "<\/dt>");
  document.write("<dt>Radius Kreis " + i + ": r(" + (i) + ") = " + r[i] +
"<\/dt>");
  document.write("<dt>Seite Quadrat " + i + ": a(" + (i) + ") = " + a[i] +
"<\/dt>");
  document.write("<dt>Fläche Kreis " + i + ": FK(" + (i) + ") = " + FK[i] +
"<\/dt>");
  document.write("<dt>Fläche Quadrat " + i + ": FQ(" + (i) + ") = " + FQ[i] +
"<\/dt>");
  document.write("<dt>Flächenverhältnis " + i + ": f(" + (i) + ") = " + f[i] +
"<\/dt>");
  document.write("<\/dl>");

}

</script>

</head><body>
</body></html>
```

Javascript zur numerischen Simulation des Quadraturverfahrens aus Leonardos *Proportionsstudie nach Vitruv*. Download unter:

www.klaus-schroeer.com/downloads/simulation-des-proportionsstudienalgorithmus.html

Abb. M5

<table>
<tr><td valign="top" width="33%">

Radius der Armkreise hk: x = 0.436

Generation 1
Radius Kreis 1: r(1) = 0.6000000118590789
Seite Quadrat 1: a(1) = 1
Fläche Kreis 1: FK(1) = 1.1309734000000002
Fläche Quadrat 1: FQ(1) = 1
Flächenverhältnis 1: f(1) = 1.1309734000000002

Generation 2
Radius Kreis 2: r(2) = 0.6223201093691615
Seite Quadrat 2: a(2) = 1.1074541343853646
Fläche Kreis 2: FK(2) = 1.2166832867441324
Fläche Quadrat 2: FQ(2) = 1.226454659767237
Flächenverhältnis 2: f(2) = 0.9920328297949808

Generation 3
Radius Kreis 3: r(3) = 0.6710899988494367
Seite Quadrat 3: a(3) = 1.188721425401127
Fläche Kreis 3: FK(3) = 1.4148532801010774
Fläche Quadrat 3: FQ(3) = 1.4130586272076868
Flächenverhältnis 3: f(3) = 1.0012700484317036

Generation 4
Radius Kreis 4: r(4) = 0.7223633092039852
Seite Quadrat 4: a(4) = 1.2801769298559162
Fläche Kreis 4: FK(4) = 1.6393105370998196
Fläche Quadrat 4: FQ(4) = 1.6388529717353195
Flächenverhältnis 4: f(4) = 1.0002791985445867

Generation 5
Radius Kreis 5: r(5) = 0.7777115569579645
Seite Quadrat 5: a(5) = 1.3781945295741955
Fläche Kreis 5: FK(5) = 1.9001460277509323
Fläche Quadrat 5: FQ(5) = 1.8994201613482382
Flächenverhältnis 5: f(5) = 1.00038215157313

Generation 6
Radius Kreis 6: r(6) = 0.8372830894394018
Seite Quadrat 6: a(6) = 1.4837701124056557
Fläche Kreis 6: FK(6) = 2.202391450249868
Fläche Quadrat 6: FQ(6) = 2.2015737464682923
Flächenverhältnis 6: f(6) = 1.0003714178472956

Generation 7
Radius Kreis 7: r(7) = 0.9014196828846691
Seite Quadrat 7: a(7) = 1.597427265910282
Fläche Kreis 7: FK(7) = 2.5527244988637596
Fläche Quadrat 7: FQ(7) = 2.5517738698735988
Flächenverhältnis 7: f(7) = 1.000372536532874

Generation 8
Radius Kreis 8: r(8) = 0.9704689724885466
Seite Quadrat 8: a(8) = 1.7197912550064625
Fläche Kreis 8: FK(8) = 2.9587834605274517
Fläche Quadrat 8: FQ(8) = 2.957681960796703
Flächenverhältnis 8: f(8) = 1.0003724199374202

Generation 9
Radius Kreis 9: r(9) = 1.0448075040055897
Seite Quadrat 9: a(9) = 1.8515283317431388
Fläche Kreis 9: FK(9) = 3.4294339189832526
Fläche Quadrat 9: FQ(9) = 3.4281571632475307
Flächenverhältnis 9: f(9) = 1.0003724320895815

Generation 10
Radius Kreis 10: r(10) = 1.1248404108421877
Seite Quadrat 10: a(10) = 1.9933565586940738
Fläche Kreis 10: FK(10) = 3.974950212928865
Fläche Quadrat 10: FQ(10) = 3.9734703700886804
Flächenverhältnis 10: f(10) = 1.0003724308230217

</td><td valign="top" width="33%">

Radius der Armkreise hk: x = 0.436

Generation 1
Radius Kreis 1: r(1) = 0.5040000001597028
Seite Quadrat 1: a(1) = 1
Fläche Kreis 1: FK(1) = 0.7980147999999998
Fläche Quadrat 1: FQ(1) = 1
Flächenverhältnis 1: f(1) = 0.7980147999999998

Generation 2
Radius Kreis 2: r(2) = 0.5069761339853796
Seite Quadrat 2: a(2) = 0.8679372570692345
Fläche Kreis 2: FK(2) = 0.8074672248236632
Fläche Quadrat 2: FQ(2) = 0.7533150822088664
Flächenverhältnis 2: f(2) = 1.0718851167243488

Generation 3
Radius Kreis 3: r(3) = 0.5359893020144542
Seite Quadrat 3: a(3) = 0.9525566703759982
Fläche Kreis 3: FK(3) = 0.9025309748251582
Fläche Quadrat 3: FQ(3) = 0.9073642102778081
Flächenverhältnis 3: f(3) = 0.9946733236798373

Generation 4
Radius Kreis 4: r(4) = 0.5777010435384132
Seite Quadrat 4: a(4) = 1.023447274276301
Fläche Kreis 4: FK(4) = 1.0484704063281043
Fläche Quadrat 4: FQ(4) = 1.0474443232235902
Flächenverhältnis 4: f(4) = 1.000979606344475

Generation 5
Radius Kreis 5: r(5) = 0.6218761782909452
Seite Quadrat 5: a(5) = 1.1020764065833515
Fläche Kreis 5: FK(5) = 1.2149480676275801
Fläche Quadrat 5: FQ(5) = 1.2145724059476726
Flächenverhältnis 5: f(5) = 1.0003092954179331

Generation 6
Radius Kreis 6: r(6) = 0.6695208918878741
Seite Quadrat 6: a(6) = 1.1864700606947922
Fläche Kreis 6: FK(6) = 1.408244745548092
Fläche Quadrat 6: FQ(6) = 1.407711204925104
Flächenverhältnis 6: f(6) = 1.0003790128409302

Generation 7
Radius Kreis 7: r(7) = 0.7208056435589627
Seite Quadrat 7: a(7) = 1.2773573351652896
Fläche Kreis 7: FK(7) = 1.6322483163041264
Fläche Quadrat 7: FQ(7) = 1.63164176170057
Flächenverhältnis 7: f(7) = 1.0003717449612985

Generation 8
Radius Kreis 8: r(8) = 0.7760199143275115
Seite Quadrat 8: a(8) = 1.3752033760713163
Fläche Kreis 8: FK(8) = 1.8918887963321591
Fläche Quadrat 8: FQ(8) = 1.8911843255579461
Flächenverhältnis 8: f(8) = 1.0003725024391819

Generation 9
Radius Kreis 9: r(9) = 0.835463512078388
Seite Quadrat 9: a(9) = 1.480544850097711
Fläche Kreis 9: FK(9) = 2.1928294103040615
Fläche Quadrat 9: FQ(9) = 2.1920130531508533
Flächenverhältnis 9: f(9) = 1.000372423490834

Generation 10
Radius Kreis 10: r(10) = 0.89946054006451
Seite Quadrat 10: a(10) = 1.5939555058113275
Fläche Kreis 10: FK(10) = 2.5416403895982365
Fläche Quadrat 10: FQ(10) = 2.540694154506245
Flächenverhältnis 10: f(10) = 1.0003724317192266

</td><td valign="top" width="33%">

Radius der Armkreise hk: x = 0.436

Generation 1
Radius Kreis 1: r(1) = 0.6249999922820005
Seite Quadrat 1: a(1) = 1
Fläche Kreis 1: FK(1) = 1.2271846000000002
Fläche Quadrat 1: FQ(1) = 1
Flächenverhältnis 1: f(1) = 1.2271846000000002

Generation 2
Radius Kreis 2: r(2) = 0.6249999999999998
Seite Quadrat 2: a(2) = 1.1130430059018934
Fläche Kreis 2: FK(2) = 1.227184630308512
Fläche Quadrat 2: FQ(2) = 1.2388647329871223
Flächenverhältnis 2: f(2) = 0.9905719306009726

Generation 3
Radius Kreis 3: r(3) = 0.6741651707635402
Seite Quadrat 3: a(3) = 1.1940712366761022
Fläche Kreis 3: FK(3) = 1.4278497062080184
Fläche Quadrat 3: FQ(3) = 1.425806118257196
Flächenverhältnis 3: f(3) = 1.0014332860019708

Generation 4
Radius Kreis 4: r(4) = 0.725649107355397
Seite Quadrat 4: a(4) = 1.286010897355651
Fläche Kreis 4: FK(4) = 1.6542578470266152
Fläche Quadrat 4: FQ(4) = 1.6538240281174867
Flächenverhältnis 4: f(4) = 1.0002623126171544

Generation 5
Radius Kreis 5: r(5) = 0.7812518020601076
Seite Quadrat 5: a(5) = 1.3844670332241544
Fläche Kreis 5: FK(5) = 1.9174848307091212
Fläche Quadrat 5: FQ(5) = 1.9167489660844919
Flächenverhältnis 5: f(5) = 1.000383912884603

Generation 6
Radius Kreis 6: r(6) = 0.8410942101197315
Seite Quadrat 6: a(6) = 1.4905240305586145
Fläche Kreis 6: FK(6) = 2.222486642744306
Fläche Quadrat 6: FQ(6) = 2.2216618856726975
Flächenverhältnis 6: f(6) = 1.0003712342894873

Generation 7
Radius Kreis 7: r(7) = 0.9055227725005004
Seite Quadrat 7: a(7) = 1.6046984332915744
Fläche Kreis 7: FK(7) = 2.5760164139028507
Fläche Quadrat 7: FQ(7) = 2.575057061808433
Flächenverhältnis 7: f(7) = 1.0003725556643563

Generation 8
Radius Kreis 8: r(8) = 0.9748863574355198
Seite Quadrat 8: a(8) = 1.7276194101439228
Fläche Kreis 8: FK(8) = 2.985780370532184 6
Fläche Quadrat 8: FQ(8) = 2.9846688263060357
Flächenverhältnis 8: f(8) = 1.0003724179434421

Generation 9
Radius Kreis 9: r(9) = 1.0495632638344157
Seite Quadrat 9: a(9) = 1.859956127127862
Fläche Kreis 9: FK(9) = 3.4607252008337004
Fläche Quadrat 9: FQ(9) = 3.4594367948404754
Flächenverhältnis 9: f(9) = 1.0003724322974037

Generation 10
Radius Kreis 10: r(10) = 1.1299604647939687
Seite Quadrat 10: a(10) = 2.0024299286154066
Fläche Kreis 10: FK(10) = 4.011218964340231
Fläche Quadrat 10: FQ(10) = 4.009725619014702
Flächenverhältnis 10: f(10) = 1.0003724308013615

</td></tr>
</table>

Konvergenztests des Javascripts für drei verschiedene Ausgangswerte für das Flächenverhältnis f_1 des Startpaares Kreis und Quadrat (vergl. S. 101).

us des Armkreises wurde (zunächst) der der Zeichnung entnommene Wert x bzw. $x_1 = 0.436$ (in Bezug auf die Seitenlänge des Ausgangsquadrates Q_1) eingesetzt. Die Seitenlänge des Quadrates des Ausgangspaares a_1 wurde als 1 definiert. Aus dem vorgegebenen Wert für das Flächenverhältnis f_1 des Startpaares Kreis K_1 zu Quadrat Q_1 (im Listing des Scriptes ist hierfür beispielhaft der Wert 0.7980148 gesetzt) wurde rückwirkend der Radius r_1 des Startkreises bestimmt, der für dieses Flächenverhältnis sorgt.

Das Script berechnet dann in einer Schleife (deren Länge durch die Variable j definiert ist) die ersten 10 Generationen der Folge von Kreisen und Quadraten und deren jeweiliges Flächenverhältnis f_i.

Für die drei Flächenverhältnisse $f_1 = FK_1/FQ_1$ des Startpaares, die wir beispielhaft auf S. 101 aufgeführt hatten, ist die jeweilige Ergebnisausgabe des Scriptes in Abbildung M5 aufgeführt. Wie zu sehen ist, konvergiert das Flächenverhältnis in allen Fällen gegen einen Wert von ca. 1.00037. Hunderte von Durchläufen mit anderen Werten für das Flächenverhältnis des Startpaares (innerhalb des Intervalls [0.7980148, 1.2271846] für f_1, in dem die Konstruktion noch ausgeführt werden kann) erbrachten das gleiche Ergebnis.

Die Konvergenz der Folge von Flächenverhältnissen f_i ist somit augenscheinlich klar. Tatsächlich ließ sie sich aber bis zum heutigen Tage nicht theoretisch beweisen. Dies liegt am rekursiven Charakter der Folge, der enormen Verschachtelung von Wurzeln, die man erhält, wenn man sie mit nur einer Gleichung beschreibt und letztlich daran, daß man eine zusätzliche Variable in Form des Flächenverhältnisses des Startpaares hat. Diese drei Eigenheiten des Algorithmus bieten den herkömmlichen Konvergenzkriterien der Mathematik zu wenig Angriffsfläche. Es läßt sich allerdings eine notwendige Bedingung dafür beweisen, daß Leonardos Folge eine sogenannte Cauchy-Folge ist (und damit konvergiert, siehe Abschnitt 4). Aber das ist leider nicht hinreichend. Selbstverständlich wurden die numerischen Simulationen von unabhängiger Seite nachvollzogen und an der Konvergenz wurde keinerlei Zweifel erhoben.

Vielmehr sorgte die Genauigkeit und auch die hohe Konvergenzgeschwindigkeit für großes Erstaunen. Letztere läßt sich besonders gut mit Hilfe der Zeichnung selbst illustrieren. In den Abbildungen M6 a und b sind die ersten beiden Generationen Kreis und Quadrat bei einem Flächenverhältnis für das Startpaar von 1.1309 (a) zu sehen. Schon nach einmaliger Anwendung der Konstruktion verbessert sich das Flächenverhältnis auf 0.9920 (b). Dabei wurde jeweils ein den Proportionen des jeweiligen Paares verzerrter *Homo ad quadratum* eingesetzt. Wie ersichtlich ist, reparieren sich auch die Proportionen der Figur dank des Verfahrens in nur einem Schritt von selbst!

Abb. M6 a und b

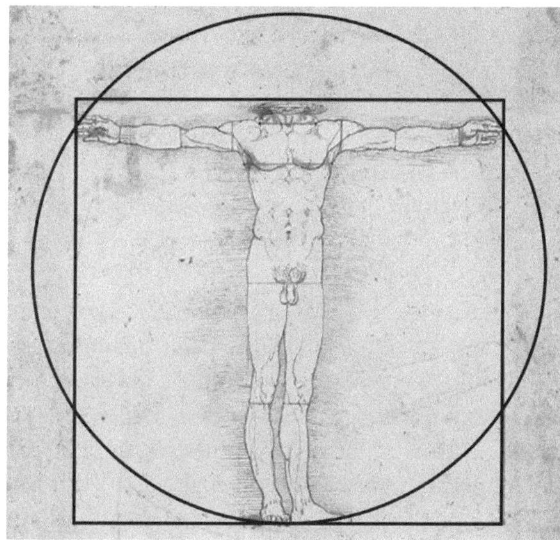

Die starke Flächenungleichheit des Ausgangspaares wird durch den deutlich verzerrten *Homo ad quadratum* verdeutlicht (die anderen Elemente aus Leonardos Zeichnung wurden hier im Sinne der Übersichtlichkeit wegretuschiert).

```
Generation 1
Radius Kreis 1: r(1) = 0.6000000118590789
Seite Quadrat 1: a(1) = 1
Fläche Kreis 1: FK(1) = 1.1309734000000002
Fläche Quadrat 1: FQ(1) = 1
Flächenverhältnis 1: f(1) = 1.1309734000000002
```

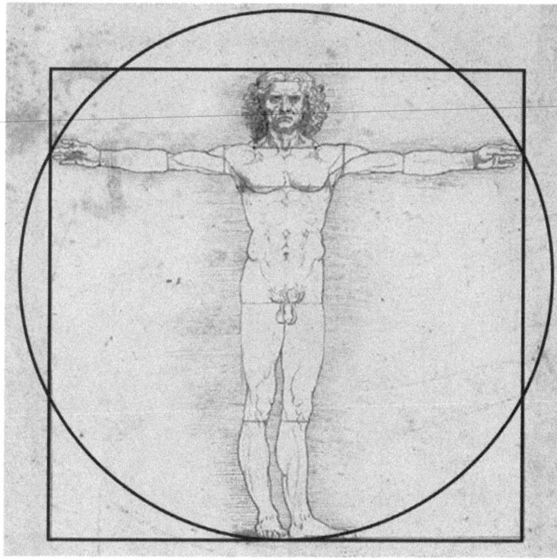

Das Paar der zweiten Generation hat nicht nur sein Flächenverhältnis deutlich angeglichen, sondern ist absolut auch etwas größer als das Ausgangspaar. Der *Homo ad quadratum* läßt sich bereits unverzerrt aus der Leonardos *Proportionsstudie* einsetzen.

```
Generation 2
Radius Kreis 2: r(2) = 0.6223201093691615
Seite Quadrat 2: a(2) = 1.1074541343853646
Fläche Kreis 2: FK(2) = 1.216832867441324
Fläche Quadrat 2: FQ(2) = 1.226454659767237
Flächenverhältnis 2: f(2) = 0.9920328297949808
```

Illustration der Konvergenzgeschwindigkeit anhand der ersten beiden Generationen Kreis und Quadrat bei einem Flächenverhältnis des Startpaares von 1.1309.

3. Konvergenzverhalten bei anderen Werten für x

Der Radius x (bzw. x_1) der Konstruktionskreise wurde im laufenden Text und bei den bisherigen Berechnungen durch die Messung stets auf 0.436 festgelegt. Stets konvergierten die Flächenverhältnisse der so erzeugten Folgen von Kreisen und Quadraten gegen 1.00037.

Um sicher zu gehen, daß man dieses für seine Zeit hervorragende Resultat nicht nur mit dem gemessenen Abstand d der beiden Mittelpunkte der Konstruktionskreise erhält, haben wir das Verfahren mit anderen Werten für x getestet.

Es ergab sich, daß die Mittelpunkte der Konstruktionskreise hk, sofern sie auf h liegen, zumindest im Brustbereich der Figur beliebig (symmetrisch) angeordnet werden können, ohne daß ein nennenswert schlechteres Ergebnis herauskommen würde. Zum Teil wird es sogar besser (siehe unten und S. 122-125).

Abb. M7 zeigt neben dem gemessenen Wert für x drei alternative Werte auf der Linie h zusammen mit den daraus resultierenden Flächenverhältnissen. Abb. M8 zeigt die jeweiligen Ergebnisse der numerischen Simulation über das entsprechend abgeänderte Javascript. Auch diese Simulationen wurden für wesentlich mehr Werte vollzogen (siehe hierzu auch S. 137). Dabei ergab sich, daß der Verlauf des resultierenden Flächenverhältnisses f in Anhängigkeit zu x im Bereich der Brust allem Anschein nach stetig und differenzierbar ist und f etwa bei $x = 0.45$ den Wert 1 durchläuft. Anders formuliert, scheint es in unmittelbarer Nähe der von Leonardo gewählten Mittelpunkte solche zu geben, für die das Flächenverhältnis 1 wird.

Abb. M7

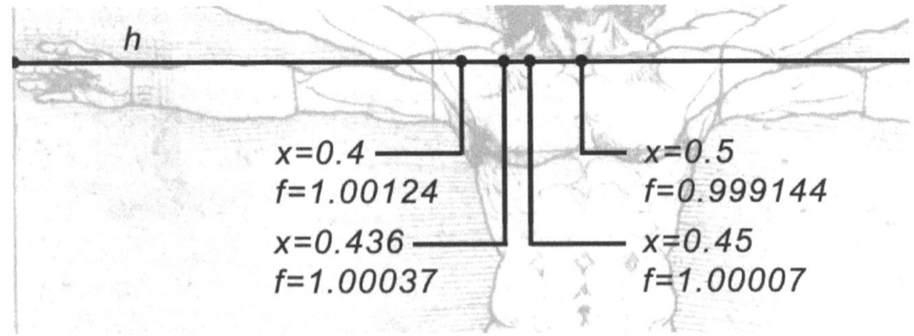

Verschiedene Werte für x und die daraus entstehenden Flächenverhältnisse f im Zustand der Konvergenz auf der *Proportionsstudie nach Vitruv*.

Abb. M8

<table>
<tr><td>

Radius der Armkreise hk: x = 0.4

Generation 1
Radius Kreis 1: r(1) = 0.6000000118590789
Seite Quadrat 1: a(1) = 1
Fläche Kreis 1: FK(1) = 1.1309734000000002
Fläche Quadrat 1: FQ(1) = 1
Flächenverhältnis 1: f(1) = 1.1309734000000002

Generation 2
Radius Kreis 2: r(2) = 0.6220769194693622
Seite Quadrat 2: a(2) = 1.1069469960102125
Fläche Kreis 2: FK(2) = 1.2157325629309892
Fläche Quadrat 2: FQ(2) = 1.2253316519760333
Flächenverhältnis 2: f(2) = 0.9921661298558931

Generation 3
Radius Kreis 3: r(3) = 0.6687943447215587
Seite Quadrat 3: a(3) = 1.1840340527914943
Fläche Kreis 3: FK(3) = 1.405190020624362
Fläche Quadrat 3: FQ(3) = 1.4019366381698513
Flächenverhältnis 3: f(3) = 1.0023206344466165

Generation 4
Radius Kreis 4: r(4) = 0.7178046028584452
Seite Quadrat 4: a(4) = 1.2715649372794415
Fläche Kreis 4: FK(4) = 1.6186850306850693
Fläche Quadrat 4: FQ(4) = 1.61687738971847
Flächenverhältnis 4: f(4) = 1.0011179827104355

Generation 5
Radius Kreis 5: r(5) = 0.7705689666848295
Seite Quadrat 5: a(5) = 1.3649413946944637
Fläche Kreis 5: FK(5) = 1.8654039921175496
Fläche Quadrat 5: FQ(5) = 1.8630650109504678
Flächenverhältnis 5: f(5) = 1.0012554479598585

Generation 6
Radius Kreis 6: r(6) = 0.827192099606658
Seite Quadrat 6: a(6) = 1.4652518897038944
Fläche Kreis 6: FK(6) = 2.1496246247802375
Fläche Quadrat 6: FQ(6) = 2.1469631002808334
Flächenverhältnis 6: f(6) = 1.0012396694191232

Generation 7
Radius Kreis 7: r(7) = 0.8879784724167019
Seite Quadrat 7: a(7) = 1.5729247887528603
Fläche Kreis 7: FK(7) = 2.4771639264142107
Fläche Quadrat 7: FQ(7) = 2.4740923910732304
Flächenverhältnis 7: f(7) = 1.0012414796440354

Generation 8
Radius Kreis 8: r(8) = 0.9532314425554441
Seite Quadrat 8: a(8) = 1.688511115414734
Fläche Kreis 8: FK(8) = 2.855460873983568
Fläche Quadrat 8: FQ(8) = 2.8510697868791093
Flächenverhältnis 8: f(8) = 1.0012412719509025

Generation 9
Radius Kreis 9: r(9) = 1.0232795548951528
Seite Quadrat 9: a(9) = 1.812591155642542
Fläche Kreis 9: FK(9) = 3.2895649582866886
Fläche Quadrat 9: FQ(9) = 3.285486697513566
Flächenverhältnis 9: f(9) = 1.001241295780077

Generation 10
Radius Kreis 10: r(10) = 1.0984751408376676
Seite Quadrat 10: a(10) = 1.9457892207159253
Fläche Kreis 10: FK(10) = 3.790795345707927
Fläche Quadrat 10: FQ(10) = 3.786095691454288
Flächenverhältnis 10: f(10) = 1.0012412930460914

</td><td>

Radius der Armkreise hk: x = 0.45

Generation 1
Radius Kreis 1: r(1) = 0.6000000118590789
Seite Quadrat 1: a(1) = 1
Fläche Kreis 1: FK(1) = 1.1309734000000002
Fläche Quadrat 1: FQ(1) = 1
Flächenverhältnis 1: f(1) = 1.1309734000000002

Generation 2
Radius Kreis 2: r(2) = 0.622404035449533
Seite Quadrat 2: a(2) = 1.1076291516309786
Fläche Kreis 2: FK(2) = 1.2170114726508625
Fläche Quadrat 2: FQ(2) = 1.2268423375427615
Flächenverhältnis 2: f(2) = 0.9919868555306062

Generation 3
Radius Kreis 3: r(3) = 0.6718757711755062
Seite Quadrat 3: a(3) = 1.1903256722543598
Fläche Kreis 3: FK(3) = 1.4181684939312098
Fläche Quadrat 3: FQ(3) = 1.4168752060277936
Flächenverhältnis 3: f(3) = 1.0009127747439677

Generation 4
Radius Kreis 4: r(4) = 0.7239356034528902
Seite Quadrat 4: a(4) = 1.2831496156179885
Fläche Kreis 4: FK(4) = 1.6464545422384316
Fläche Quadrat 4: FQ(4) = 1.6464729360605916
Flächenverhältnis 4: f(4) = 0.9999888283483092

Generation 5
Radius Kreis 5: r(5) = 0.7801836779428496
Seite Quadrat 5: a(5) = 1.3827831606814247
Fläche Kreis 5: FK(5) = 1.9122452608241618
Fläche Quadrat 5: FQ(5) = 1.9120892694641107
Flächenverhältnis 5: f(5) = 1.0000815816303885

Generation 6
Radius Kreis 6: r(6) = 0.8407854368381887
Seite Quadrat 6: a(6) = 1.490199559690292
Fläche Kreis 6: FK(6) = 2.220855152425305
Fläche Quadrat 6: FQ(6) = 2.22069472770114
Flächenverhältnis 6: f(6) = 1.0000722407822038

Generation 7
Radius Kreis 7: r(7) = 0.9060963227144765
Seite Quadrat 7: a(7) = 1.605955154725938
Fläche Kreis 7: FK(7) = 2.5792806999486313
Fläche Quadrat 7: FQ(7) = 2.5790919589908117
Flächenverhältnis 7: f(7) = 1.000073181166403

Generation 8
Radius Kreis 8: r(8) = 0.9764802589496707
Seite Quadrat 8: a(8) = 1.7307029509614924
Fläche Kreis 8: FK(8) = 2.995551622822866
Fläche Quadrat 8: FQ(8) = 2.995332704466818
Flächenverhältnis 8: f(8) = 1.0000730864907665

Generation 9
Radius Kreis 9: r(9) = 1.0523315143241145
Seite Quadrat 9: a(9) = 1.8651408790488655
Fläche Kreis 9: FK(9) = 3.479004781523736
Fläche Quadrat 9: FQ(9) = 3.4787504986991746
Flächenverhältnis 9: f(9) = 1.000073096022453

Generation 10
Radius Kreis 10: r(10) = 1.1340747584346111
Seite Quadrat 10: a(10) = 2.0100217128128435
Fläche Kreis 10: FK(10) = 4.040482603722583
Fläche Quadrat 10: FQ(10) = 4.040187285979077
Flächenverhältnis 10: f(10) = 1.000073095062828

</td><td>

Radius der Armkreise hk: x = 0.5

Generation 1
Radius Kreis 1: r(1) = 0.6000000118590789
Seite Quadrat 1: a(1) = 1
Fläche Kreis 1: FK(1) = 1.1309734000000002
Fläche Quadrat 1: FQ(1) = 1
Flächenverhältnis 1: f(1) = 1.1309734000000002

Generation 2
Radius Kreis 2: r(2) = 0.6226649938907405
Seite Quadrat 2: a(2) = 1.1081733514185557
Fläche Kreis 2: FK(2) = 1.218032211519478
Fläche Quadrat 2: FQ(2) = 1.2280481767942337
Flächenverhältnis 2: f(2) = 0.9918439964620102

Generation 3
Radius Kreis 3: r(3) = 0.6743013457219825
Seite Quadrat 3: a(3) = 1.1952773086178736
Fläche Kreis 3: FK(3) = 1.4284265886103993
Fläche Quadrat 3: FQ(3) = 1.4286878444967874
Flächenverhältnis 3: f(3) = 0.9998171357813433

Generation 4
Radius Kreis 4: r(4) = 0.7288267490653214
Seite Quadrat 4: a(4) = 1.2924047259578726
Fläche Kreis 4: FK(4) = 1.6687776698409524
Fläche Quadrat 4: FQ(4) = 1.6703099756782438
Flächenverhältnis 4: f(4) = 0.9990826218728238

Generation 5
Radius Kreis 5: r(5) = 0.7879025965859594
Seite Quadrat 5: a(5) = 1.397115953336048
Fläche Kreis 5: FK(5) = 1.9502708795807098
Fläche Quadrat 5: FQ(5) = 1.9519329870660942
Flächenverhältnis 5: f(5) = 0.9991484812765613

Generation 6
Radius Kreis 6: r(6) = 0.8517532181909486
Seite Quadrat 6: a(6) = 1.510340922804108
Fläche Kreis 6: FK(6) = 2.2791737743255225
Fläche Quadrat 6: FQ(6) = 2.2811297030967648
Flächenverhältnis 6: f(6) = 0.9991425613508136

Generation 7
Radius Kreis 7: r(7) = 0.9207795425677272
Seite Quadrat 7: a(7) = 1.6327389484106725
Fläche Kreis 7: FK(7) = 2.6635521006774416
Fläche Quadrat 7: FQ(7) = 2.6658364736571887
Flächenverhältnis 7: f(7) = 0.999143093358381

Generation 8
Radius Kreis 8: r(8) = 0.9953996508203304
Seite Quadrat 8: a(8) = 1.7650563928492378
Fläche Kreis 8: FK(8) = 3.112754293409349
Fläche Quadrat 8: FQ(8) = 3.115424069937963
Flächenverhältnis 8: f(8) = 0.999143045547354

Generation 9
Radius Kreis 9: r(9) = 1.076066996066257
Seite Quadrat 9: a(9) = 1.908096838181154
Fläche Kreis 9: FK(9) = 3.637713531003809
Fläche Quadrat 9: FQ(9) = 3.640833543876917
Flächenverhältnis 9: f(9) = 0.999143049844079

Generation 10
Radius Kreis 10: r(10) = 1.1632716345188872
Seite Quadrat 10: a(10) = 2.062729306181189
Fläche Kreis 10: FK(10) = 4.2512059926876145
Fläche Quadrat 10: FQ(10) = 4.254852190578728
Flächenverhältnis 10: f(10) = 0.9991430494579371

</td></tr>
</table>

Konvergenztests des Javascripts für drei verschiedene Werte für den Radius der Konstruktionskreise x bei jeweils identischem Startpaar mit f_1 = 1.1309734.

4. Der ideale Wert für x

Der Wert für den Radius x (bzw. x_1), der die Kreise und Quadrate mit Leonardos Verfahren gegen eine tatsächliche Flächengleichheit konvergieren läßt, ist zu interessant, um nicht bestimmt zu werden. Da Leonardos Verfahren auf einer Konstruktion in unendlich vielen Schritten beruht und sich Lindemanns Beweis der Unmöglichkeit der Kreisquadratur nur auf Verfahren in endlich vielen Schritten bezieht, wäre zumindest theoretisch denkbar, daß man Leonardos Methode mit Hilfe eines kleinen Updates zu einem idealen Verfahren erweitern könnte. Hierzu müßte allerdings für den idealen Radius x, so dieser denn existiert, ein zusätzlicher Konstruktionsschritt gefunden werden, der diesen im laufenden Verfahren mit erzeugt (z.B. in dem man mit $x_1 = 0.5$ startet und die folgenden x_i Generation für Generation nach einer zu findenden Regel mit konstruiert). Schon die reine Kenntnis dieses Wertes wäre eine Herausforderung an die Anthropometrie, den tatsächlich beim Menschen zu messenden Wert für den Armradius in Bezug auf die Armspannweite zu bestimmen.

Obwohl die Konvergenz des Algorithmus selbst nicht theoretisch gezeigt werden kann, läßt sich der gesuchte Wert für x präzise bestimmen. Die dabei vollzogene Rechnung kann zugleich als exemplarisches Beispiel dafür betrachtet werden, wie sich die bereits angesprochene notwendige Bedingung beweisen läßt, daß Leonardos Folge eine Cauchy-Folge ist.

Im wesentlichen wird dabei gezeigt, daß es zu einem gewünschten Flächenverhältnis f im Zustand der Konvergenz auch ein entsprechendes x gibt, daß dieses erzeugt. Man unterstellt also für zwei aufeinander folgende im Unendlichen liegende Paare Kreis und Quadrat, daß diese das *gleiche* Flächenverhältnis f haben (da die Folge im Unendlichen ja schon auskonvergiert ist) und bestimmt aus dieser Voraussetzung das zugehörige x, so ein solches denn existiert. Dies soll nun also für $f = 1$ geschehen:
Dann ist:

$$f_i = f_{i+1} = 1 \qquad \frac{FK_i}{FQ_i} = \frac{FK_{i+1}}{FQ_{i+1}} = 1$$

Zur Vereinfachung wird a_i als 1 definiert.

$$a_i := 1$$

Daraus ergibt sich:

$$r_i = \frac{1}{\sqrt{\pi}} \quad \text{und} \quad \frac{r_{i+1}}{a_{i+1}} = \frac{1}{\sqrt{\pi}} \, .$$

Somit läßt sich der Radius des großen Kreises r_2 berechnen.

Da $a_{i+1} = \dfrac{r_{i+1}\left(r_{i+1} + m_i\right)}{m_i}$ ist und $\dfrac{a_{i+1}}{r_{i+1}} = \sqrt{\pi}$ ist, folgt:

$$\sqrt{\pi} = \frac{r_{i+1}}{m_i} + 1 \, .$$

Mit $m_i = \sqrt{r_{i+1}^2 + \tfrac{1}{4} \cdot a_1^2}$ erhält man

$$\sqrt{\pi} - 1 = \frac{r_{i+1}}{\sqrt{r_{i+1}^2 + \tfrac{1}{4}}} \quad \text{und somit} \quad r_{i+1} = \frac{\sqrt{\pi} - 1}{2 \cdot \sqrt{2 \cdot \sqrt{\pi} - \pi}} \, .$$

Da $\dfrac{r_{i+1}}{a_{i+1}} = \dfrac{1}{\sqrt{\pi}}$ ist, ist $a_{i+1} = \sqrt{\pi} \cdot r_{i+1}$ und somit

$$a_{i+1} = \frac{\pi - \sqrt{\pi}}{2 \cdot \sqrt{2 \cdot \sqrt{\pi} - \pi}} \quad \text{die Kantenlänge von } Q_{i+1}.$$

Aufgrund von $r_{i+1} = \dfrac{a_i^2 + k_i^2}{2 \cdot a_i}$ und $a_i = 1$ ist

$$k_i = \sqrt{\frac{\sqrt{\pi} - 1}{\sqrt{2 \cdot \sqrt{\pi} - \pi}} - 1} \, .$$

Aufgrund von $h_i = r_i + \sqrt{r_i^2 - \tfrac{1}{4} \cdot a_1^2}$ und $a_i = 1$ ist

$$h_i = \frac{1}{\sqrt{\pi}} + \sqrt{\frac{1}{\pi} - \tfrac{1}{4}} \, .$$

124

Da $\quad k_i = \frac{1}{2} \cdot a_i - x_i + k´_i \quad$ und $\quad a_i = 1$ ist

a) $\quad k´_i = k_i + x_i - \frac{1}{2}$.

Ferner ist $\quad k´_i = \sqrt{x_i^2 - (a_i - h_i)^2} \quad$ bzw.

b) $\quad k´_i = \sqrt{x_i^2 - (1 - h_i)^2}$

Durch Gleichsetzen von a) und b) erhält man nun eine Gleichung für das gesuchte ideale *x*:

$$\sqrt{x_i^2 - (1 - h_i)^2} = k_i + x_i - \frac{1}{2}.$$

Durch Quadrieren, Ausmultiplizieren und Umformen ergibt sich:

$$x_i = \frac{(1 - h_i)^2}{1 - 2 \cdot k_i} + \frac{\frac{1}{2} - k_i}{2}$$

Durch Einsetzen der Terme für h_i und k_i läßt sich x_i nun bestimmen:

$$x_i = \frac{\left(1 - \frac{1}{\sqrt{\pi}} - \sqrt{\frac{1}{\pi} - \frac{1}{4}}\right)^2}{1 - 2 \cdot \sqrt{\frac{\sqrt{\pi} - 1}{\sqrt{2 \cdot \sqrt{\pi} - \pi}} - 1}} + \frac{\frac{1}{2} - \sqrt{\frac{\sqrt{\pi} - 1}{\sqrt{2 \cdot \sqrt{\pi} - \pi}} - 1}}{2}$$

(Die hier und im gesamten mathematischen Anhang zu sehenden Gleichungen wurden mit freundlicher Genehmigung der Mathematikplattform www.matheplanet.com mit deren Formeleditor *Optimath fed geo* gesetzt.)
Für das zu erzielende Flächenverhältnis *f = 1* existiert also genau ein mögliches *x*, daß wir nun kennen. Der Wert ist ein Ausdruck in Abhängigkeit von π. Numerisch entspricht der ausgesprochen sperrige Term etwa 0.4535605. Setzt man diesen Wert in das Javascript ein, erhält man etwa 0.99999997 als resultierendes Flächenverhältnis. Die geringfügige Abweichung zu 1 ist aber ausschließlich auf die erwähnten Ungenauigkeiten zurückzuführen, wie man u.a. durch die gerade vollzogene Berechnung sieht.

Wie eng der von Leonardo unterstellte Wert für den Armradius von 0.436 am Ideal lag, illustriert am besten die folgende Zeichnung. Dort wurden sämtliche

geometrischen Objekte der Konstruktion und in der Folge (fast) alle Körperproportionen im Sinne einer idealen Quadratur angepaßt. Die Änderungen in den
Proportionen im Vergleich zu Leonardos Blatt fallen kaum auf und nach wie vor
wirkt die Figur ausgesprochen natürlich.

Abb. M9

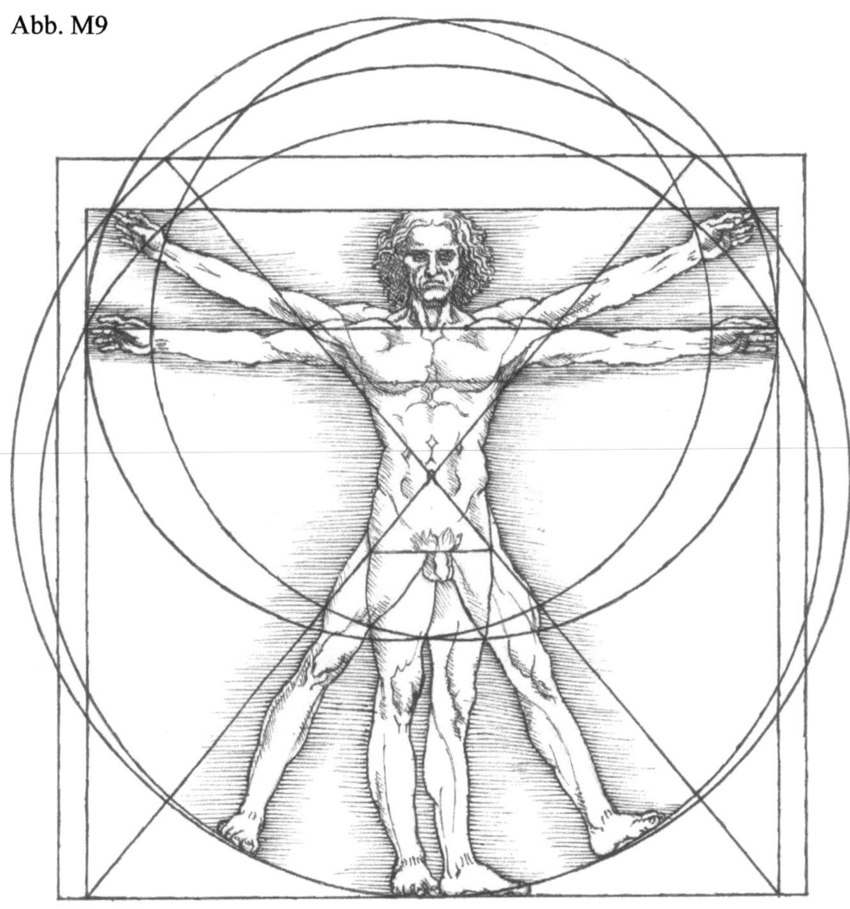

Tuschezeichnung nach der *Proportionsstudie* von Leonardo mit angepaßten
Proportionen auf Basis eines im Sinne der Kreisquadratur idealen Wertes für
den Radius der Armbewegung.

KUNSTHISTORISCHER ANHANG

Die *Proportionsstudie nach Vitruv* mit ihrem Regelwerk zur Kreisquadratur bedeutete Leonardo weit mehr als nur ein Lehrstück der Anthropometrie. Zu weit hebt sich das mathematische Bravourstück von dem etwaigen Nutzen ab, einem angehenden Künstler Anleitungen zum Proportionieren von bewegungsreichen Figuren zu geben. Es scheint sogar, als konnte sie nicht viel mehr zur Festschreibung eines bestimmten Figurenstils beitragen als der Text von Vitruv. So sah es zumindest der Maler Federico Zuccaro (1542-1609), der sich als Akademievorsteher in Rom mit der Lehr- und Erlernbarkeit künstlerischen Schaffens besonders beschäftigte. Doch Leonardos Mathematisierung der menschlichen Figur ging Zuccaro zu weit:

> „Ebenso fruchtlos und von geringem Inhalt war eine weitere Regel, die ein anderer tüchtiger Mann unseres Berufes in Zeichnungen mit spiegelverkehrter Beschriftung hinterließ. Viel zu spitzfindig auch er, wie er rein mathematische Regeln aufstellte, um die [menschliche] Figur mit senkrechten Linien, Winkeln und Zirkeln zu bewegen und zu verdrehen.“
>
> Federico Zuccaro, Idea de' pittori, scultori, et architetti, Turin 1607, S. 31

Es scheint, als habe Zuccaro die *Proportionsstudie nach Vitruv* oder weitere mit ihr verwandte Zeichnungen aus Leonardos Hand zu Gesicht bekommen, die später verloren gegangen sind. Gefallen haben sie Zuccaro nicht. Seine Geringschätzung ist zudem ein deutliches Anzeichen dafür, daß sich die Kunstanschauung der Zeit um 1600 von einer allzu mathematischen Durchdringung der Malerei abgekehrt hatte. Zumindest gilt das für Zuccaro, der die lehr- und nachahmbaren Regeln für die Malerei vornehmlich aus der Rhetorik ableitete. So stellte schon diese Rhetorisierung den künstlerischen Sinn und Zweck der Mathematik in Frage, bevor dann in 19. Jahrhundert das romantische Sentiment beides (auch die Rhetorisierung) verdrängte.

Zuccaros immerhin nicht ganz verständnislose Bemerkung bestätigt, daß Folio 7 (S. 88) und andere Zeichnungen des Codex Huygens zum Teil auf verschollene Vorlagen zurückgehen könnten, die von Leonardo oder seinen direkten Schülern stammten. Carlo Urbino (1510/20 - nach 1585), der Autor des Codex Huygens, stellte diesen in den 1560er Jahren zusammen. Will man seine 128 Blätter, von denen 26 gleichartige Studien wie Folio 7 zeigen, mit Leonardo oder speziell der *Proportionsstudie nach Vitruv* in eine Abfolge bringen, muß eine zeitliche Lücke von zwei, drei Künstlergenerationen geschlossen werden. Zöllner (1989) füllt diese Lücke mit zwei Büchern, eines des deutschen Arztes und Theologen Agrippa von Nettesheim (1486-1535) und eines des in Paris tätigen Buchdruckers Gefroy Tory (um 1480 - nach 1533). Ihre Proportionsfiguren (S. 84, 85) seien auf Grund formaler Ähnlichkeiten der geometrischen Rahmungen sowohl mit Leonardos *Proportionsstudie* als auch mit Urbinos Zeichnungen zu verbinden. Es gibt jedoch noch triftigere Gründe, den Codex Huygens, insbesondere Folio 7, mit da Vincis Blatt zu vergleichen und damit Urbino in die späte Nachfolge Leonardos zu stellen. Argumente dafür liefert zuerst die mathematische Sicht und dann der zitierte Absatz aus Leonardos Bewegungslehre (S. 96).

Die zehngliedrige, achsensymmetrische Figur auf Folio 7 (S. 88) steht auf ihrer Meßleiste, die wie bei Leonardos Doppelfigur der Quadratseite entspricht. Nur umgibt bei Urbino nicht der Kreis, sondern das Quadrat die gespreizten Glieder. Dieses nach oben versetzte Quadrat bezeichnet keinen *homo ad quadratus*. Waagerechte Arme gibt es auf Folio 7 nicht. Während Leonardos vitruvianischer Mensch sowohl im Kreis als auch im Quadrat steht, steht Urbinos Proportionsfigur in zwei Kreisen, deren Flächenverhältnis zueinander nicht jenem von $K_2 : K_1$ entspricht. Wohl aber kann der große Kreis auf Folio 7 mit K_2 gleichgesetzt werden, denn hier wie dort wurde der Durchmesser bezüglich der Figurenhöhe gleich proportioniert. Über den kleineren Kreis sei gesagt, daß seine Fläche derjenigen des Quadrats entspricht.

Nicht weiter eingehen wollen wir hier auf die drei Dreiecke, das Fünfeck, die zwei Sechsecke und die Beschriftung. Letztere zählt die geometrischen Figuren auf, was auch immer sie ergeben mögen. Wichtiger ist die lediglich gepunktete Kreislinie, die auf der linken Seite um die drei Hände läuft. Oben überragt sie den großen Kreis und neigt sich auf den Zeigefinger des aufgerichteten Arms. Die Kreisbahn zeigt erstens jene radiale Armbewegung an, die Leonardo meinte, als er über das Schultergelenk schrieb. Zweitens entspricht die gepunktete Linie den Konstruktionskreisen *hk*, die bei der *Proportionsstudie nach Vitruv* zu ergänzen sind (S. 108). Folglich bestätigt Folio 7 einen Konstruktionsschritt des wiederentdeckten Quadraturverfahrens.

ZUSAMMENFASSUNG

„Archimedes quadriert nie eine Figur mit gekrümmten Seiten, ich aber quadriere den Kreis, abzüglich des kleinsten Teils, den der Verstand sich vorstellen kann", hatte Leonardo da Vinci in Abgrenzung zur bloßen Kreissektorierung des Archimedes notiert, und an anderer Stelle schrieb er nicht weniger stolz, er wolle in „der besagten Abhandlung vom Spiel der Geometrie ... Auskunft über eine unendliche Verfahrensweise" geben. Zu beiden Notizen paßt Leonardos *Proportionsstudie nach Vitruv*, eine der „Ikonen" der abendländischen Kunstgeschichte (S. 104). Sie illustriert ein Regelwerk zur Quadratur des Kreises mit Zirkel und Lineal in unendlich vielen Schritten bei rascher Annäherung an ein fast ideales Flächenverhältnis von Kreis und Quadrat (S. 105-111).

Somit erweist sich Leonardos Zeichnung, die bisher in den Bereich herkömmlicher Studien menschlicher Maßverhältnisse eingeordnet wurde, in jeder Hinsicht als mathematische Demonstrationszeichnung. Zu diesem Ergebnis gelangt diese erste Werkmonographie über die ungewöhnliche Doppelfigur im Kreis und Quadrat auf dem Wege einer neuen, mathematischen wie kunstgeschichtlichen Untersuchung. Die Wiederentdeckung von Leonardos Bildidee bringt einen doppelten Gewinn, da auch das Quadraturverfahren in Vergessenheit geraten war.

Daß die Quadratur des Kreises in Reinkultur - Zirkel, Lineal, endlich viele Schritte - eine unlösbare Aufgabe ist, wurde erst im 19. Jahrhundert bewiesen und ist daher für Leonardos Zeit nicht von Belang. Entscheidend dagegen ist, daß Leonardo im idealen menschlichen Körper des Rätsels natürlichste Lösung sah.

Die idealistische Mathematik der Alten Griechen ließ die Quadratur des Kreises bis weit in die Neuzeit hinein zur Krönung mathematischer Wissenschaft werden. Mehrfach, auf acht Manuskriptblättern aus zwei Jahrzehnten, notiert da Vinci, daß er Lösungsverfahren zur Kreisquadratur kannte. Nicht zu übersehen ist auch seine Konkurrenz zu Archimedes. Dieser bedeutendste Mathematiker und Physiker der Antike hatte mittels der Kreissektorierung die Kreiszahl π genähert und zugleich eine Vereinfachung der Kreisquadratur zuende gedacht (S. 36).

Obgleich Leonardo seiner Abhandlung über die Malerei geometrische Grundbegriffe voranstellt, und auch allen anderen Anzeichen zum Trotz, hatte man es bisher unterlassen, die *Proportionsstudie* auf mathematische Gesetze zu überprüfen, verwickelte sich aber dabei in überflüssige Widersprüche. Zu sehr verharren die früheren Deutungen in der zur Renaissance nicht passenden romantischen Kunstauffassung, die das Mathematische nicht als Teil des Künstlerischen wertschätzen kann.

Leonardo verlieh seiner *Proportionsstudie* durch den Text und den Bildteil ein emblematisches Gefüge, welches die Aussage über die Kreisquadratur nur sinnbildlich, aber nicht wörtlich macht. Doch nach einer vollständigen Durchsicht von Text und Bild gab die an Hinweisen reiche *Proportionsfigur* eine überschaubare geometrische Konstruktion preis, deren eindeutige und in keiner Weise zufällige Aussage durch Messen wie durch Berechnungen zweifelsfrei bestätigt wurde.

Diese Konstruktion geht von einem flächengleichen Paar Kreis und Quadrat aus und führt es über in ein größeres, ebenfalls gleichwertiges Paar. Hiermit ist das allgemeine Regelwerk für das eigentliche Quadraturverfahren angegeben, das zunächst mit einem innerhalb bestimmter Grenzen ungleichen Paar beginnen kann und an jedem neu erzeugten Paar zu wiederholen ist (S. 111). Mit jeder neuen Generation kommen die Flächen von Kreis und Quadrat einander näher. Das Flächenverhältnis *FK*: *FQ*, auf das dieses Verfahren zustrebt, beträgt 1.000373.

Riassunto

„Archimede a data la quadratura d´ una figura latterata e no del cerchio, adunque archimenjde non quadra maj figura di lato curvo, e io quadro il cerchio,“ annotò Leonardo da Vinci (Windsor 12280r), mentre in un altro contesto scrisse, con altrettanta fierezza, „avendo io finjto lj contro vari modj dj quadrare li circoli cioè dare quadratj di capacità equali alla capacità del circolo e date reghole da procedere injinfinjto comjncio il libro detto de ludo gieometricho“ (Codex Atlanticus, 45v-a). Entrambi gli appunti rivelando una corrispondenza di contenuti con l´ *Uomo vitruviano*, una delle „icone“ della storia dell´ arte occidentale. L´opera in questione costituisce un´ algoritmo determinanti per la quadratura del cerchio. Procedendo di una serie infinita di passi, coll´ ausilio del compasso e del righello, ci si avvicina rapidamente ad una quasi ideale corrispondenza di superfici tra il cerchio e il quadrato.

In questo modo, il famoso disegno di Leonardo, che fino ad oggi é sempre stato collocato nell´ ambito dei tradizionali studi sulle proporzione umane, viene a rivelarsi un disegno matematico. Così si riassume l´ esito di questa prima monografia incentra sulla curiosa figura all´ interno del cerchio e del quadrato, realizzata avvalendosi di un nuovo metodo insieme matematico e storico-artistico

L´ impossibilità di un´ autentica quadratura del cerchio - per mezzo del compasso e del righello e attraverso un numero finito di passi - è stata provata solo nell´ Ottocento, per cui in questo contesto leonardesco è del tutto trascurabile. È decisivo invece il fatto che Leonardo vedeva la più naturale soluzione dell´ enigma proprio nell´ ideale corpo umano.

Benché Leonardo facesse precedere il suo trattato sulla pittura da assunti fondamentali alla geometria, e benché ci siano ulteriori indicazioni che inviterebbero ad esaminare l´*Uomo vitruviano* da un punto di vista della matematica, fino ad oggi tale analisi non è stata mai eseguita. Le interpretazioni ad ora proposte rimangono troppo vincolate ad un´ idea romantica dell´arte non corrispondente a quella rinascimentale poiché non tengono conto degli aspetti veramente matematiche interni all´ opera d´ arte.

Leonardo diede al suo disegno una struttura emblematica, la quale esprime l´idea della quadratura del cerchio in modo del tutto simbolico piuttosto che letterali. Dopo un completo riesame del testo e dell´ immagine, l´ Uomo vitruviano ha fornito una costruzione geometrica chiara, il cui contenuto intenzionalmente sviluppato trova indubbia conferma nelle misurazioni e nei calcoli.

Questa costruzione prende le mosse dall´ accoppiamento di un cerchio e di un quadrato di identica superficie, accoppiamento che viene trasferito in un´ altra coppia più grande, ma comunque equivalente. Attraverso ciò vengono posto le regole fondamentali realmente operanti nel procedimento della quadratura. Tale procedimento può anche esplicarsi a partire da una coppia, entro certi limiti, non equivalente, ma è comunque da ripetersi con ogni nuova coppia creata. Le superfici del cerchio e del quadrato ad ogni nuova generazione tenderanno ad avvicinarsi, così che la relazione tra le superfici, verso la quale muove questo procedimento, risulterebbe essere di 1.000373.

Summary

„Archimedes never squares a figure with curved sides, I, however, do square the circle, minus the smallest part which the mind can imagine, that is the visible point," Leonardo noted down, disassociating himself from Archimedes` mere division of a circle into sectors; and at another place he wrote with no less pride that he wanted to give "information about an infinitive procedure ... in the aforementioned treatise on the play of geometry.". Leonardo da Vinci`s *Vitruvian Man*, one of the "icons" of occidental art history, fits both notes. It illustrates a set of rules for the squaring of the circle with a pair of compasses and a ruler in an infinitive number of steps, with a quick approximation to an almost ideal relation of the area of the circle and the area of the square.

Thus Leonardo`s drawing, which so far has been categorized into the field of conventional studies of human proportions, proves in every respect to be a drawing for mathematical demonstration. This is the conclusion which this first monograph on the unusual double figure in a circle and a square reaches by means of a new examination, which considers both mathematics and art history. The rediscovery of Leonardo`s idea for his drawing is profitable in two ways because the squaring procedure itself has also fallen into oblivion.

In the 19th century it was already proven that the squaring of the circle in its pure form - a pair of compasses, a ruler, a finitive set of steps - is an insoluble task; thus it is of no importance for Leonardo`s time. What is decisive, however, is that Leonardo regarded the ideal human body as the natural solution of the riddle.

The idealistic mathematics of the Old Greeks induced the squaring of the circle to become the pinnacle of mathematics sciences well into the modern times. More than once da Vinci made a note – on eight script papers – of the fact that he knew the algorithm of squaring the circle. Also conspicuous is his rivalry to Archimedes. The most important mathematician and physician of the ancient world approached π via dividing a circle into sectors and at the same time he simplified the squaring of the circle by thinking it out.

Until today, although Leonardo preceded his tracts about painting with geometric basic concepts, the *Vitruvian Man* was not examined with respect to mathematical laws. Instead of examining, art historians rather got caught in contradictions. The early interpretations of the romantic view of art that did not fit the renaissance were to strong as to appreciate mathematics as a part of art. Leonardo gave the *Vitruvian Man* an emblem by means of text and image.

Yet, after complete revision of text and image, the *Vitruvian Man* with its numerous hints revealed a clear geometric construction whose unambiguous and in no way accidental statements were doubtlessly confirmed by measuring and calculating.

LEONARDOS ALGORITHMUS IM SCHULUNTERRICHT

Seit der Erstveröffentlichung dieses Buches im Jahre 1998 erfreut sich der Algorithmus der *Proportionsstudie* besonders großer Beliebtheit im fächerübergreifenden Unterricht Mathematik und Kunst an Gymnasien in Deutschland, sowie entsprechenden weiterführenden Schulen weltweit.

Reaktionen von Schülerinnen und Schülern: „Für mich war das wichtigste, daß Mathematik nicht nur ödes Formellösen, sondern auch spannendes Tüfteln sein kann." „Mir hat gefallen, daß alles nicht so trocken, sondern sehr abwechselungsreich war." „Für mich war das wichtigste, die Computeranwendungen für die Lösungen beherrschen zu können." „Mir hat gefallen, ein Stück Geschichte der Mathematik zu entdecken."

Die Fachzeitschrift *mathematiklehren* aus dem Friedrich Verlag erläuterte im Oktober 1999 in ihrer Ausgabe 96 explizit auf mehreren Seiten die Umsetzung des Themas im Mathematikunterricht unter Anwendung der dynamischen Geometriesoftware *Cabri* und dem Computeralgebrasystem *Derive*.

LEONARDOS ALGORITHMUS IN DEN MEDIEN

Über die Entdeckung des Algorithmus der *Proportionsstudie* berichteten zahlreiche prominente Medien (z.T. schon vor der Erstveröffentlichung dieses Buches im Jahre 1998). Neben den auf der Rückseite aufgeführten Beispielen hier eine kleine Auswahl:

„Die Proportionsstudie von Leonardo da Vinci scheint ein Geheimnis zu besitzen: Wie der Künstler Klaus Schröer und der Kunsthistoriker Klaus Irle aus Münster jetzt zeigten, läßt sie sich als Lösungsvorschlag zur sogenannten Quadratur des Kreises betrachten."

Die Welt, 4/9/1997

„Er (Leonardo) wollte mit seiner Zeichnung tatsächlich eine Lösung der berühmten ungelösten Aufgabe, der Quadratur des Kreises vorstellen."

Bild der Wissenschaft, 4/1999

„Das Universalgenie versteckte die Lösung in seiner Zeichnung."

Focus Magazin, 8/2000

„Leonardo da Vinci aber kam schon gut vierhundert Jahre eher mit seinem Algorithmus, versteckt in der Menschengestalt, der Lösung erstaunlich nahe."

Stern Newsletter, 4/8/2000

„... the procedure of Leonardo is an orginal new invention and proves his mathematical genius, as well as the powers of imagination of authors Schröer and Irle."

Nexus Network Journal, 1/2000

„Die Seiten geben einen Einblick in das kühne Menschenbild, das uns da Vinci in Form dieses Rätsels vermacht hat."

Archplus, 1/2001

LEONARDOS ALGORITHMUS IN DER PRAXIS

Um zu testen, wie Leonardos Algorithmus mit Ihren eigenen Körperproportionen verläuft, brauchen Sie lediglich den Radius Ihrer Armkreise im Verhältnis zu Ihrer Armspannweite zu messen.

Das können Sie am besten zu zweit machen. Lehnen Sie sich aufrecht stehend an eine Schultafel oder ein an der Wand befestigtes Stück Papier, das etwa 2 m breit und 1 m hoch sein sollte. Strecken Sie Ihre Arme waagerecht aus. Ihre Assistentin oder Ihr Assistent markiert nun auf dem Untergrund die Enden der beiden Mittelfinger. Dann bewegen Sie Ihre Arme etwas auf und ab und Ihr Assistent markiert auch diese Punkte.

Wenn genügend Punkte markiert sind, um eine Kreisbahn zu erahnen, messen Sie zunächst den Abstand der äußersten Punkte: das ist die Armspannweite. Dann skizzieren Sie die aus den einzelnen Punkten bestehenden Kreisbahnen, und zeichnen einige Tangenten daran. Dann ziehen Sie rechtwinklig zu den Tangenten und von den Punkten der Kreisbahn, in der die Tangenten die Kreisbahn berühren, Linien in Richtung des Zentrums der Drehbewegung.

Wo sich diese Linien schneiden, sind die Mittelpunkte der Armbewegung. Wenn Ihnen das zu aufwendig ist, können Sie diese auch empirisch bestimmen. Messen Sie nun links oder rechts den Radius. Teilen Sie nun den Radius durch die gemessene Armspannweite. Das Resultat ist Ihr persönliches x.

Das zu diesem x gehörende Flächenverhältnis f können Sie der Tabelle auf der gegenüberliegenden Seite entnehmen.

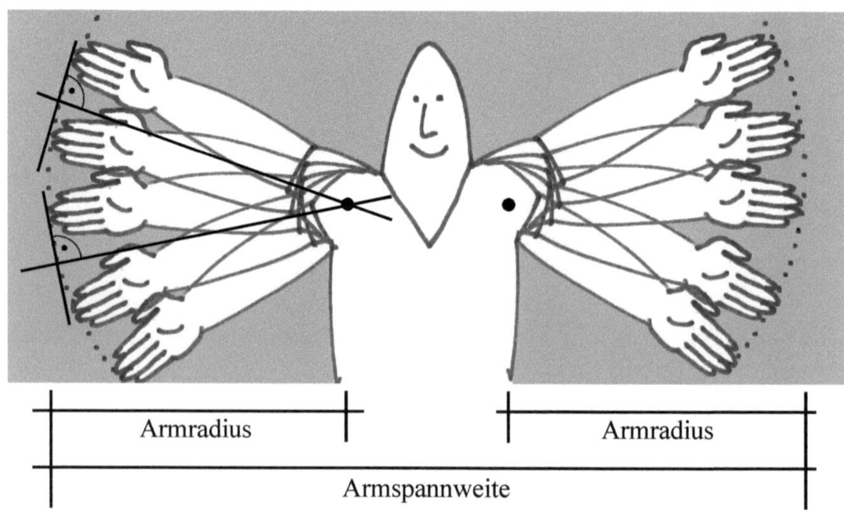

Tabelle zur Auswertung von Körpervermessungen

Persönlicher Wert für x (Armradius / Armspannweite)	Persönlicher Wert für f, das resultierende Flächenverhältnis
0.355	1.00258
0.360	1.00242
0.365	1.00225
0.370	1.00210
0.375	1.00194
0.380	1.00179
0.385	1.00165
0.390	1.00151
0.395	1.00137
0.400	1.00124
0.405	1.00111
0.410	1.00098
0.415	1.00086
0.420	1.00073
0.425	1.00062
0.430	1.00050
0.435 (nahe Leonardos Wert für x)	1.00039
0.440	1.00028
0.445	1.00017
0.450	1.00007
0.455 (nahe dem idealen x)	0.99997
0.460	0.99987
0.465	0.99977
0.470	0.99967
0.475	0.99958
0.480	0.99949
0.485	0.99940
0.490	0.99931
0.495	0.99922
0.500	0.99914

AUSGEWÄHLTE LITERATUR

Sigrid Braunfels Esche: *Aspekte der Bewegung. Umrisse von Leonardos Proportions- und Bewegungslehre.* In: Festschrift Lorenz Dittmann. Frankfurt a. M. 1994

André Chastel: *Leonardo da Vinci. Sämtliche Gemälde und die Schriften zur Malerei.* Herausgegeben, kommentiert und eingeleitet von André Chastel. München 1990

Kenneth Clark: *Leonardo da Vinci. An Account of His Development as an Artist.* Harmondsworth 1967

Kenneth Clark: *The Drawings of Leonardo da Vinci in the Collection of Her Majesty The Queen at Windsor Castle.* London 1968

Róbert Freud (Hrsg.): *Große Augenblicke aus der Geschichte der Mathematik.* Mannheim/Wien/Rürich 1990

Helmut Gericke: *Mathematik in Antike und Orient - Mathematik im Abendland von den römischen Feldmessern bis zu Descartes.* Wiesbaden 1992

Günter Hellmann: *Die Zeichnung Leonardos zu Vitruv.* In: Museion. Studien aus Kunst und Geschichte für Otto H. Förster. Köln 1960

Ludwig H. Heydenreich: *I disegni di Leonardo da Vinci nella Galleria dell'Accademia di Venezia.* Florenz 1949

Martin Kemp: *Leonardo da Vinci. The Marvellous Works of Nature and Man.* London 1981

Hans-Karl Lücke: *Mercurius Quadratus: Anmerkungen zur Anthropometrie bei Cesariano.* In: Mitteilungen des Kunsthistorischen Instituts in Florenz 35, 1991/1

Augusto Marinoni: *Leonardos Schriften. In: Ladislao Reti (Hrsg.): Leonardo - Künstler, Forscher, Magier.* Köln 1996

Peter Meller: *Quello che Leonardo non ha scritto sulla figura umana. Dall' Uomo di Vitruvio alla Leda.* In: Arte Lombarda 67, 1983

Hans Ost: *Leonardo-Studien.* Berlin/New York 1975

Erwin Panofsky: *The Codex Huygens and Leonardo da Vinci's Art Theory.* London 1940

Carlo Pedretti: *Leonardo da Vinci. Manuscripts of the French Period.* 1517-18. In: Gazette des Beaux-Arts 76, 1970

Carlo Pedretti: *The Literary Works of Leonardo da Vinci.* Compiled and Edited from the Original Manuscripts by Jean Paul Richter. Commentary by Carlo Pedretti. Oxford 1977*

Carlo Pedretti/Marco Cianchi: *Leonardo. I codici.* Art Dossier 100, 1995

Ladislao Reti (Hrsg.): *Leonardo - Künstler, Forscher, Magier.* Köln 1996

Harald Scheid: *Elemente der Geometrie.* Heidelberg/Berlin/Oxford 1996.

Giorgio Vasari: *Le vite de' pill eccellenti pittori scultori et architettori.* Florenz 1568

Vitruv: De architectura libri decem. Übersetzt und mit Anmerkungen versehen von Curt Fensterbusch. Darmstadt 1991

Frank Zöllner: *Vitruvs Proportionsfigur. Quellenkritische Studien zur Kunstliteratur des 15. und 16. Jahrhunderts.* Worms 1987.

Frank Zöllner: *Die Bedeutung von Codex Huygens und Codex Urbinas für die Proportions- und Bewegungsstudien Leonardo da Vincis.* In: Zeitschrift für Kunstgeschichte 52, 1989

* mit einem Register aller Manuskripte und Codices

140

REGISTER

Agrippa von Nettesheim 85, 120
Alberti 57, 67
Alciati 76
Ammonios 25
Anaxagoras 21
Archimedes 26, 27, 28, 37, 40, 41, 42, 91, 102, 128, 130, 132
Archytas 23
Aristarch 43
Aristoteles 22, 24
de' Barbari 48
Baxandall 38
Borgia 41
Bramante 39
Braunfels Esche 67, 70, 71, 121
Cennini 57
Cesariano 73, 82, 83, 94, 95,138
Cicero 57
Deinostratos 23
Dürer 26, 67, 80, 81, 95, 102
Euklid 41
Eudoxos 23
Fibonacci 39
Francesca, Piero della 41, 49, 57
Franz I. 44
Freud 16
Galois 25
Gates 13
Ghiberti 57, 67
di Giorgio Martini 69,79
Hammer 13,14
Hellmann 69, 121
Heydenreich 71, 121
Hippias von Elis 23, 33
Horaz 57
Julius II. 43
Kemp 15, 37, 67, 69, 71, 121

Leo X. 43
Leoni 19
Lindemann 26, 122
Lomazzo 39
Machiavelli 41
Marinoni 14, 37, 59, 138
Masaccio 39, 47
Meller 71, 122
Melzi 14, 56
Michelangelo 43, 44, 54
Opmer 61
Ost 67, 68
Pacioli 40, 41, 102
Panofsky 67, 68, 69, 70, 71, 139
Pedretti 14, 15, 37, 139
Platon 23, 24, 70
Plutarch 21
Pollaiuolo 38
Pythagoras 25, 100, 113
Quintilian 57
Raffael 22, 43, 44
Richter 14, 139
Saxl 68
Schoen 67, 86, 87, 95
Sforza 38, 39
Sokrates 24
Taurellus 76, 77, 90
Tory 84, 101, 127
Urbino 49, 88, 119, 127
Vasari 34, 41, 46, 139
Verrocchio 38
Vitruv 10, 11, 12, 14, 16, 39, 43, 59, 60, 67, 68, 69, 70, 71, 72, 73, 74, 75, 91, 94, 95, 97, 102, 104, 113, 116, 120, 126, 128, 130, 132
Zöllner 67, 69, 70, 71, 101,127, 139
Zuccaro 126